U0101443

庚桑楚：摆脱干扰，解开心结

杂篇之『杂』字，不一定含有贬意。不论是否后人托庄之名所写，能放到《庄子》书中流传至今，也算是夤缘时会、盛情高论。这一章对于人情世故，对于私心杂念，对于心魔心结的描绘就很独到。所谓不喜欢自作聪明与自作多情的人，所谓为他人一时的是非判断而殉节，所谓名相反而实相顺，所谓虫能虫、虫能天，而人未必能成为全人，所谓以天下为笼则雀无所逃，都是令读者拍案叫绝的新鲜说法。读之益智、舒心、理气、赏神、悦目，如登高山，如览群峰，如戏沧海，如沐清风。好你个庄周其人其文！

一　不要自作聪明也不要自作多情

老聃之役有庚桑楚者，偏得老聃之道，以北居畏垒之山，其臣之画然知者去之，其妾之挈然仁者远之；拥肿之与居，鞅掌之为使。居三年，畏垒大穰。畏垒之民相与言曰：『庚桑子之始来，吾洒然异之。今吾日计之而不足，岁计之而有余。庶几其圣人乎！子胡不相与尸而祝之，社而稷之乎？』

老聃有个学生叫庚桑楚，对于老聃的大道论述有独到的、深刻的体悟与修养。他从而迁移到了畏垒山那边去居住了——不知是否意味着有了道就要隐居。道的作用是把人藏起来。下人当中有一种什么都是小葱拌豆腐一清二白的人，他们似乎什么都明白（卑人之智），他们是万事通，庚桑楚就请他们走人了。婢女侍妾中还有一种人，时时自作多情地讲仁讲义（妇人之仁），他也与她们拉开了距离。最后是比较迟慢厚重的人跟他生活在一起，再有就是辛辛苦苦干粗活的人为他做事。他在畏垒山这里住了三年，畏垒山这边收成极好。畏垒山的民人交相议论：『庚桑楚这个人刚来的时候，我们一看就吃了一惊，他好像是另一类人呀！（人与人是不一样的哟！）如今看着他呢，我们如果一天天地从表面上看，想法计算他带来了哪些变化，也许还会感到不那么明显，不足以说明他有什么了不起的作用；但一年过去，咱们总括起来计算，他带来的变化、他的作用可就大了去啦！这样的人，差不多就该算是圣人的啦！咱们大伙儿为什么不供奉他朝拜他并尊崇他做这个地区的首领呢？』

比较有意思的是，这位了不起的、走到哪里能够让哪里风调雨顺的人物，他不喜欢两种人，一种是过于明白的人，即自作聪明的人，一种是满口仁义道德的人，即酸溜溜的自作多情的人。为什么？前者往往成事不足，坏事有余，一瓶子不满，半瓶子晃荡，徒增烦乱，扰人视听；而后者呢，酸不溜秋，表面文章，假仁假义，黏黏糊糊。他们都显得装蒜、浅薄、啰唆、烦人、添乱、无事生非，自找麻烦，倒也有趣。

与之相较，这位庚桑楚先生，宁愿与鲁钝的人为伍，与干活的人为伍。没有太多的脑筋与心性的人比似智似愚、若仁若不仁、小有聪明仁义的人好相处，这恐怕是事实。

然而，庄子早就认同了大小老板的宁取愚而毋取智、宁取冷血而毋取温热、宁取淡漠而毋取多情、宁用十个小人毋用一个大大的君子的用人原则。这算不算逆向淘汰呢？算不算选劣汰优，至少是选真劣而不选伪优呢？为什么人类会有这样的原则呢？

藏书

我曾经搞过一次『民调』。我问了几十个人，他们一听，都赞成庚桑楚，不愿意使用什么都明白、什么都看得一清二楚、什么都自作多情、动不动仁义道德的人。与其多用明白人，不如多用傻瓜。与其多用善人，不如多用只顾自己的小人。与其任用有自己见解的人，不如用只知听喝的人。呜呼，胸怀狭隘的大小老板们啊，有你们在，还能有真正的人才出现吗？

而一万个自作多情的人当中，有几个是真正的明哲、真正的德行之人呢？有几个不是令人厌烦无比的呢？

还有就是说按天计算不足，按年计算有余，或谓这里是讲此地的国民收入状况，疑非。在这时讲起国民收入来，突兀。恐怕还是作为对庚桑楚先生的评价讲更好。话有分寸，日常看，具体地看，微观地看，庚某成就与长处并不突出，时有不足之处，但是中华文化注重的是总体，是模糊数学——局部地看一般般，谁跟谁又能有什么不同呢？总体一看，嚯，高出一大截，可能是境界高、气象高、经纬高、胸怀高，即使没有任何具体善行、事功、著作的记录，也硬是往那儿一戳就会影响到方圆几百里风调雨顺、囤满圈足、人寿年丰起来，谁知道呢？

庚桑子闻之，南面而不释然。弟子异之。庚桑子曰：『弟子何异于予？夫春气发而百草生，正得秋而万宝成。夫春与秋，岂无得而然哉？天道已行矣！吾闻至人尸居环堵之室，而百姓猖狂不知所如往。今以畏垒之细民而窃窃焉欲俎豆予于贤人之间，我其杓之人邪！吾是以不释于老聃之言。』

庚桑楚听说人们要推举他南面称王，心里很不痛快。他的弟子们觉得不可理解。庚桑楚说：『这又有什么可怪的呢？春天阳气上升发散，诸草萌生，而秋季当令，种种果实籽粒成熟饱满。春天啊秋天啊，它们没有什么根据、没有受到什么启示与触动就会这样的吗？这其实不是春与秋季节本身的意愿与行事，而是天道（自然之道）在那里起着决定性的作用啊！据说道性道行修养到家的高人，从来都是安安静静、踏踏实实地居住在朴素的小屋子里，而老百姓随随便便、悠游自适地各行其是，根本不用操心该要做什么或勿要做什么。如今畏垒山一带的民人百姓嘀嘀咕咕，谈论着想把我抬高捧起来而加以供奉崇拜，是我起了什么不好的、不自然的作用了吗？我岂愿意成为这样的风头人物或是半人半神！这不恰好违背了我的老师老聃的教导了吗？』

想认真弄清这一段话的逻辑，似乎还得费一点劲。天道、自然而然之道，这是万物或成或不成的根源，而个人的意图行为德行的作用是很有限的。春草秋实，与其归功于季节不如归功于天道——这话有点勉强，因为四季的嬗变当然就是天道。至人做你的至人，百姓做他的百姓，这个观点倒有点自由主义的味道。谁比谁高，高是自己的事情；谁比谁蠢，蠢也是蠢人的权利。自以为是高人的人，是至人圣人VIP的人，是理想主义利他主义的人，并无权或必然性去改变去设计民众的生活方向。有此一说，早在庄周那里，值得一书。

顺便说一下，『百姓猖狂不知所如往』，猖狂是自由的意思，自由了就会猖狂，有趣。『不知所如往』，则至少可以作两种解释：一个是百姓处于自发多元的状态，并无一定方向目标；一个是百姓不知道至人的所往，不知道伟大的至人的目标与方向，自然也不会因为自身的愚昧而干扰至人的伟大。『知其所如往』——说来有趣，老王喜欢在线观看的视频节目中有美国犹太裔歌星兼演员芭芭拉·史翠珊演唱的电影插曲《往日情怀》，有一个版本，她一上台先说：『你并不知道你的所往，直到你去了（You don't know where are you going, until you have been.）。』中国谚语说『事

非经过不知难』，而史翠珊的说法是：『目的未达到前，你并不知道你会向何目的走去。』即『地非到过不知情』。

这句话确实有点《庄子》的情调，有点苏格拉底的『我知道的是我什么都不知道』的意思。，

『至人尸居环堵之室』，中华文化强调的是把自己藏起来，隐匿起来。为了说明诸葛亮的伟大，《三国演义》首先要写足他藏得如何严实。至人要善于与历史、社会、政治、权力藏猫猫。这种蒙老瞎文化传统，恐怕只能用兹时社会条件的恶劣、士人选择上的简单化（即缺少多向选择的可能）等来解释了。

弟子曰：『不然。夫寻常之沟，巨鱼无所还其体，而鲵鳝为之制；步仞之丘陵，巨兽无所隐其躯，而蘖狐为之祥。且夫尊贤授能，先善与利，自古尧舜以然，而况畏垒之民乎！夫子亦听矣！』

弟子说：『不是吧？平常的水沟里，大鱼没有办法掉转它们的身躯，可是小小的泥鳅小鱼之类却能转动自如；低小的山丘土堆，大的野兽没有办法隐蔽它们的身体，可是妖狐却正好得其所哉。讲究尊重贤者、任用能人、推崇善人并给以利禄，从尧舜时代起就是这样，何况畏垒山一带的百姓呢？先生您还是顺从大家的心意吧！』

讲小鱼小兽的灵便与适应，莫非是要庚桑楚学习泥鳅与妖狐？有点邪门了。奉劝老师不要太自大，不要搞得生活那样笨重艰难，增加点随和与适应、灵活与方便？或有可能。

庚桑子曰：『小子来！夫函车之兽，介而离山，则不免于网罟之患；吞舟之鱼，砀而失水，则蝼蚁能苦之。故鸟兽不厌高，鱼鳖不厌深。夫全其形生之人，藏其身也，不厌深眇而已矣。且夫二子者，又何足以称扬哉！是其于辩也，将妄凿垣墙而殖蓬蒿也。简发而栉，数米而炊，窃窃乎又何足以济世哉！举贤则民相轧，任知则民相盗。之数物者，

不足以厚民。民之于利甚勤，子有杀父，臣有杀君，正昼为盗，日中穴阫。吾语女，大乱之本，必生于尧舜之间，其末存乎千世之后。千世之后，其必有人与人相食者也！』

庚桑楚说：『小子，你过来！嘴大得能含车的巨兽，孤身离开山林，不能免于就擒于罗网的灾难；口能吞船的大鱼，一旦被浪头冲出水域，小小的蚂蚁也能让它狼狈吃苦。所以鸟兽从来不嫌山岭过高，鱼鳖从来不嫌水域过深。那些善于保护自己的形体本性的人，隐蔽自己的身形，怎么会嫌弃深幽高远呢？至于唐尧与虞舜这两位君主，又有什么可以值得赞扬弘扬的呢？尧与舜心劳日拙地去分辨世上的善恶贤愚，就像是在胡作非为地凿烂墙壁而去种植蓬蒿乱草。也好比一根根地捋着头发来梳理，点着米粒数目来做饭，斤斤计较于枝枝节节，啰里啰嗦，又怎么可能有助于世道与政治啊！搞什么举荐提拔贤才，人们相互竞争，就会出现彼此的损伤残害；而任命信用智者，百姓就会相互动心眼，使计谋，出现作伪与欺骗。这些个行事的方法，并不能使民人得到利益。人们对于与私利有关系的事本来就很积极过问，为了私利，有的儿子杀死了老父，有的臣下杀死了君王，有的白昼正中午抢劫，有的光天化日竟敢在别人墙上凿洞。我告诉你，天下大乱的苗头，恰恰是尧舜时代产生的，而它的后果和影响又可能会流毒于千年之后——千年之后，恐怕要出现人吃人的惨烈情况哩！』

再讲必须深藏、离了深藏命都保不住的道理。然后力透纸背地讲解举贤任知、树立价值与规范的危险性，千年后会发展到人吃人的程度。这话当真不假。人的理论愈高、价值认定愈坚决、规范愈明确、信奉愈强烈，与异己者的斗争也就愈惨烈。

鲁迅曾经激烈地批判中国旧文化的本质是吃人，《庄子》这里讲到食人，应该算是中华典籍上比较早的此类说法啦。

当然，这不全面也不现实。某种人为的追求、规范、价值认定，会有恶果，很恶的果；好的，那么不要任何追求规范与价值认定呢？是会更好还是更坏呢？例如一个非常不发达的地域，它可能没有那么多竞争和分歧，但是它有许多迷信、愚蠢、陋俗，如河伯娶妇，如杀人祭天、活人殉葬，如虐待妇女、儿童、老人，而当地人不以为非，反以为是当然的，他们拥有很高的幸福指数，我们能够认同这样的生活吗？

二　学道而后不营营，怎么会这样难

南荣趎蹴然正坐曰：『若趎之年者已长矣，将恶乎托业以及此言邪？』庚桑子曰：『全汝形，抱汝生，无使汝思虑营营。若此三年，则可以及此言矣。』

南荣趎曰：『目之与形，吾不知其异也，而盲者不能自见；耳之与形，吾不知其异也，而聋者不能自闻；心之与形，吾不知其异也，而狂者不能自得。形之与形亦辟矣，而物或间之邪？欲相求而不能相得？今谓趎曰：「全汝形，抱汝生，无使汝思虑营营。」趎勉闻道达耳矣！』

庚桑子曰：『辞尽矣。奔蜂不能化藿蠋，越鸡不能伏鹄卵，鲁鸡固能矣。鸡之与鸡，其德非不同也，有能与不能者，其才固有巨小也。今吾才小，不足以化子，子胡不南见老子？』

南荣趎听了庚桑楚对于尧舜的批判，很受震动，他端正地坐好，对庚桑楚说：『像我这样的年龄已经相当大的人，应该怎么样去践行你的教导，达到你的要求呢？』（道理讲得高明，如何联系实际，如何臻于妙境，则是一团雾水。这是许多读庄乃至读老的人的感受。）庚桑楚说：『你只消保全住你的形体，保护住坚持住你的生命，而不要蝇营狗苟于身外之物，不要处心积虑于自寻苦恼的欲望与私利。你能够这样坚持做上三年，就达到要求了，就够意思啦！』

南荣趎说：『只看眼睛的外形，我其实看不出人与人之间有什么不同，但是瞎子啥也看不见。只看耳朵的外形，同样彼此也没有什么区别，但是聋子啥也听不到。心的形体，我也不知道大家有什么不同，但是狂人硬是无法正常居处与自我控制。形体与形体之间本来也应该是明白透彻的，没有什么神秘隐藏的，但是被外物分离了。这些问题我是想弄明白却硬是弄不明白啊！（人与人想相通却达不到啊！）今天您对我说，要保全住自己的形体，保护住坚持住自己的生命，而不要蝇营狗苟于身外之物，不要处心积虑于自寻苦恼的欲望与私利……我倒听到耳朵里头去了，只是知晓得太迟了。』

庚桑楚说：『我的话已经说完啦。土蜂不可能变成大青虫，小鸡也孵不了大雁的蛋，大鸡就做得到了。鸡与鸡的功能其实没有什么不同，但是能力有大有小有区别。现在我的才能还是小了，没有办法教育感化你，你为什么不去求教于老子呢？』

玄而又玄，众妙之门。老庄学说的魅力在于它们的深刻与玄妙，难学也在于这种深刻与玄妙。深刻与玄妙了半天，它的要求只是什么全汝形呀抱汝生呀之类的原始科目，如同主张『活着就活着呗，高兴就高兴呗，死了就死了呗』……它们的玄妙与伟大接近于零。它们是无限的深邃与无穷的终极，是无涯的涵盖与无极的无端的无差别（齐物）的体悟与逍遥，又是接近于零的知、仁、为、言、辨地讲究修为。谁能拿捏得住这个火候呢？

把人生诸问题复杂化、文化化、高深化，是一种学问，是一种积淀，甚至也是一种享受，但是世界上还有另一种学问积淀与享受，那就是把人生诸问题简单化、初级化、通俗化，如庚桑子所说的『全汝形，抱汝生，无使汝思虑营营』。若此三年，一通百通，一顺百顺，齐活了您哪！

南荣趎赢粮，七日七夜至老子之所。老子曰：『子自楚之所来乎？』南荣趎曰：『唯。』老子曰：『子何与人偕来之众也？』南荣趎惧然顾其后。老子曰：『子不知吾所谓乎？』南荣趎俯而惭，仰而叹曰：『今者吾忘吾答，因失吾问。』老子曰：『何谓也？』南荣趎曰：『不知乎？人谓我朱愚。知乎？反愁我躯。不仁则害人，仁则反愁我身；不义则伤彼，义则反愁我己。我安逃此而可？此三言者，趎之所患也，愿因楚而问之。』老子曰：『向吾见若眉睫之间，吾因以得汝矣，今汝又言而信之。若规规然若丧父母，揭竿而求诸海也。女亡人哉，惘惘乎！汝欲反汝情性而无由入，可怜哉！』

于是南荣趎带上干粮，走了七天七夜，到老子那里去了。老子问：『你是从我的学生庚桑楚那边来的吗？』南荣趎说：『是的。』老子说：『你干吗要一下子与那么多人一起来呢？』南荣趎吓了一跳，他回头看一看，没见到人。老子说：『你没有听明白我的话吗？』南荣趎俯身而羞愧，仰身而叹息起来，他说：『您瞧，我没法回答您的问题，也就没法向您提问了。』老子问：『怎么讲？』南荣趎说：『我不学习讲究知识与智慧吧，别人就说我太傻啦；学习讲究一点知识智慧吧，我自己反而是忧心忡忡起来。我不去讲究仁爱吧，说不定会做损害旁人的事；讲究仁爱吧，我自己反而忧心忡忡起来。我不去讲究义气吧，说不定我会得罪旁人；讲究义气吧，又是自身先忧心忡忡起来。我怎么样做才能脱离这种苦恼呢？这三方面的自相矛盾，正是使我困惑不安的，是我想通过庚桑楚先生的介绍来请教您老的。』

老子说：『我一见你眉宇间的表情，已经看出了你的心病；经过你的话，我得到了确认。你那种惶惶然不安的样子如同孩子失去了父母，又像是拿着一根竹竿要去丈量海洋。你是个迷了路的人呀，你是个迷迷糊糊的人啊！你想恢复自己的本性，却硬是不得其门而入（你是回不了家的孩子呀），太可怜啦！』

庄子时期并无佛法禅宗之说，但老子的奇问诈问，好模好样地说南荣趎『偕来之众』，即他是带着一大堆人来的，其实他只有一个人来，此问禅意甚为浓重，而且有点吓人。读者也好，老王也好，如果碰到这种莫名其妙的相问，也会后脊梁上冒冷气的。

三个自相矛盾之说概括得不错。人就是这样：有价值有规范有榜样，苦矣哉虑矣哉谬矣哉；无价值无规范无榜样，恶矣哉险矣哉茫然哉。老子的吓人手法倒也发人深省，确实，人们受外物受他人的影响是太多了，你动不动发愁，不见得一定是你自己有什么麻烦，而是你估量盘算计较旁人对你的看法对你的反应、与旁人的关系或与旁人比较竞争。一个人活在哪里或到某个地方去，却如同与许多人在一起分不开甩不掉一样，这有点瘆得慌。人应该活得单纯一点、素净一点，也稍稍个人一点，好比乘飞机时乘务员宣讲的安全须知，遇有情况时，人应该先给自己戴上氧气面罩，再帮助旁人。这不能说不是一个重要的思路。

老子后面说的那种可怜的状况，也颇有代表性。人为什么会那样地惶惶然不可终日呢？人为什么不能相信自己、相信常识、相信天性、相信平常的生活路线呢？人为什么硬是要把生活规范价值观复杂化、烦琐化、自戕化、较劲化呢？

请想想看，你的不可终日的惶惶中，有多少是确有其事，有多少是自寻烦恼呢？

南荣趎请入就舍，召其所好，去其所恶，十日自愁，复见老子。老子曰：『汝自洒濯，孰哉郁郁乎！然而其中津津乎犹有恶也。夫外韄者不可繁而捉，将内揵；内韄者不可缪而捉，将外揵。外内韄者，道德不能持，而况放道而行者乎！』

南荣趎请求留在老子的馆舍里（老子的学生还有专门的宿舍？似乎少有所闻），保持住自己身上的可以认定是好的方面，克服掉自己身上的可以认定是不好的方面（有在灵魂里爆发革命或自我举行洗礼的含义）。过了十天，他仍觉愁闷，便再去见老子。老子说：『你已经进行了自我的洗涤，怎么仍然是一副疙里疙瘩的模样呢？可见心中仍然有不好的东西活生生地存在着。你从外表上使劲，意图对自己有所管束，却又管束不住，你的一些问题会转而进入内心。你从内心使劲，意图对自己有所管束，然而其实你管不住，你的一些问题会转而成为外表上的毛病。内心和外表都跟自己较劲，就是富有道德修养的人也难于自我把握，何况像你这样正在学道之人呢！』

内外互转之说颇为有趣，中国人讲内心修养，佛禅讲对于心魔的战胜，这些话都有特色，有智慧，也可参考，但是说得太玄了，变成巫术式的练功、较劲、矫情、疯魔，其实是往白日见鬼、装腔作势、精神病态方面走。一切内心修炼、精神洗涤、净化自我的努力之有意义，离不开人的自然而然，离不开逻辑的通畅与人性的合情合理，离不开生活的凡俗性日常性常识性，既意志化又自发化，自流自发、自然而然的性质。讲太多的心功呀心魔呀洒濯呀，其实只是自欺欺人，浪费精神，或者干脆是走火入魔。

南荣趎曰：『里人有病，里人问之，病者能言其病，然其病病者，犹未病也。若趎之闻大道，譬犹饮药以加病也，趎愿闻卫生之经而已矣。』老子曰：『卫生之经，能抱一乎？能勿失乎？能无卜筮而知吉凶乎？能止乎？能已乎？能舍诸人而求诸己乎？能翛然乎？能侗然乎？能儿子乎？儿子终日嗥而嗌不嗄，和之至也；终日握而手不掜，共其德也；终日视而目不瞚，偏不在外也。行不知所之，居不知所为，与物委蛇，而同其波。是卫生之经已。』

南荣趎说：『有个病人，邻居问候他，他能述说自己的病况病因，这样的能够明白自己病患的人应该说还不算有什么大病。而像我这样的不知道自己病患在于何处的人，听您讲说大道，就像是吃了不能吸收的好药反而加重了病情一样。看来，您能给我讲一讲一般的养护生命的道理常规也就可以了，讲高深了我也听不明白。』

老子说：『说起养护生命，你能抱元守一吗？（你能使自己从不陷于分裂与选择迁移的迷惑吗？）你能不丢掉自己的真神、迷失自己的良知与自恃吗？你能不去求签算卦而知道何者为吉、何者为凶、何者可做、何者断不可行吗？（你能趋利避害吗？）你知道你的目的并且能够见好就收、及时停顿吗？你能不去对他人抱怨牢骚而反过来要求调整自己吗？能随意而且自在吗？能明白而且单纯吗？能像一个婴儿一样地过活吗？婴儿整天啼哭，却不会嘶哑，由于他会调和自己的发声与呼吸，使之适中、平顺。婴儿整天攥紧拳头不拧筋也不松手，这是由于他的做法符合自己的天性，并不是强自在那里握拳。婴儿整天睁大了眼睛看视，但是不显歪斜吃力，因为他自己睁开眼睛，却并不受和不在乎外界光影的干扰与变化。走路不必强求一定要到哪里，站在那里不必强求一定要干点什么，与物和顺，高下直曲，随波逐流，步调节奏无不相宜……这就是养护生命的常理喽。』

老子提的几点，即九个『能……乎』，是有道理的。『能抱一』，既是生理状况也是心理状况，不使自己处于左右为难、进退失据、寒热交攻、动静不宁、里外不是人的境地。『能勿失』，则内容大了去啦：失常、失敬、失言、失意、失语、失态、失准、失明、失聪、失方向、失章法……全是失，全是自我溃败的表现。『无卜筮而知吉凶』，说得更好：卜筮而求吉凶，说明的是自身的良知良能的泯灭，是智慧悟性的迷失；不算卦而知吉凶，则是根本，是做人的底线，是重大选择上的永远的无咎无误无凶。『能止』『能已』，含义相仿，儒家也讲知止而后有定，知道了目标才有一定之规，不知道目标就永远没个准头。或者解释为知道适可而止才能稳定自若，生活才有准头。『能儿子乎？』这一点最难做到。知道了抱元守一，知道了无失无误，知道了吉凶祸福，对不起，你仍然做不到如婴儿一般，你仍然可能气喘吁吁、辛辛苦苦、强力以赴、使遍浑身解数，就是说你仍然勉强。而做到婴儿一般，了不得了。所有的大智者、大贡献者都有另一面：天真活泼，明朗单纯。提出婴儿的标杆，不全珍矫情处，但也确实可叹可羡。

而南荣趎的只求『卫生之经』，也说得很实在。老庄学说中最难理解的是玄而又玄、众妙之门的道论，大众最容易感兴趣与如饥似渴地追求吸纳的是他们的养生理论——退而求其次，能精通道家的养生、摄生、卫生理论，很好嘛。『闻大道，譬犹饮药以加病』，这话说得别致、精彩。我们都有好高骛远的毛病，我们都有过高估计自身的习惯，喜欢听高头讲章，喜欢听高谈阔论、豪言壮语、大话连篇、牛皮震天或者装腔作势、朗诵表演、假戏真做或者就是假声假唱；然后生吞活剥了一些似懂非懂的道理说法，学到一些斩钉截铁的结论判决，最后害人害己，却还以为自己是在救人救世。

南荣趎曰：『然则是至人之德已乎？』曰：『非也。是乃所谓冰解冻释者，能乎？夫至人者，相与交食乎地而交乐乎天，不以人物利害相撄，不相与为怪，不相与为谋，不相与为事，翛然而往，侗然而来。是谓卫生之经已。』曰：『然则是至乎？』曰：『未也。吾固告汝曰：「能儿子乎？」儿子动不知所为，行不知所之，身若槁木之枝而心若死灰。若是者，祸亦不至，福亦不来。祸福无有，恶有人灾也！』

南荣趎说：『那么做到了您讲的那些卫生之经，做到了如婴儿一般，是否就达到了至人的品德了呢？』老子说：『不是的。我给你说的只是解除与融化你心中的疙瘩冰块罢了。而至人，他们能够与万物一起在地上生活饮食，与万物一道因天意天象而快乐。从不为人的利害而相互打扰，不相互拒绝、骇异，以他人为陌生者，不与他人一起策划什么计谋，也不互相合作共事（或不会相生事）；随意自在地前往，明白单纯地归来——这是他们的养生原则。』南荣趎说：『那还不算至人吗？』老子说：『还不行。我对你说过，能够像婴儿一样地生活吗？如果像婴儿那样——动，不知道是想要干些什么，静，不知道自己想要停留在什么地方，身体如枯槁的树木枝干，心地如死灭了的灰烬——做到这一步，祸是不会降临的，福也不会到来。既然没有了祸福，哪里还会有人间的灾难呢？』

至人自然善养生，但做到了善于养生仍然不就是至人。善于养生只须化掉心里的冰疙瘩，即只须去掉邪祟、负担、贪欲、计谋、有为、膨胀、相争、矫情……无死地，庖丁解牛，听任自然，终其天年，至少是没有做自戕自毁的事，就对了。人生下来就是获得了生，不去戕生，就是摄生养生卫生。应该说，世上没有比养生更容易更自然更方便的事情。而至人，如《庄子》内篇一上来就讲的，是要『乘天地之正，而御六气之辩，以游无穷』，岂只是一个卫生云云。

宇泰定者，发乎天光。发乎天光者，人见其人，物见其物。人有修者，乃今有恒；有恒者，人舍之，天助之。人之所舍，谓之天民；天之所助，谓之天子。

心宇（即内宇宙）泰然安定的人，就能够发出映出天然的光辉（而无须人为的追光或光环）。散发着天然光辉的人与物，能够明晰地显现出自身的形象。真正有修养有道行的人，必定会有自身的固定的长远的稳定性；有了这种操守与功德的稳定性，人们会自然地亲近他、倚仗他，而天也会佑助他。人们所亲近倚仗的，称为天之选民；上天佑助的，就称为天子了。

相信人的自然而然的天光（天生的、天赋的光辉），这个想法很美，但很少人有这样的自信。人们常常感到的、所不平的，不是天光，而是天生的倒霉、天生的不如人、天生的受冤受气。汉语中对于这种美丽的想法有一个说法：你想得美！

学者，学其所不能学也；行者，行其所不能行也；辩者，辩其所不能辩也。知止乎其所不能知，至矣；若有不即是者，天钧败之。

学习，其实就是要学到那些学不到的东西；行为，其实就是要去做到那些做不到的事情；辩论或分辨，其实就是想要辩明或分辨那些道不明也分不清的是非。虽然你还没有知道太清楚，却知道及时停步、退步抽身，这也就算是道行达到相当的程度了，也就是达到知的顶端了。假如你不是这样，不知道适可而止，那么造化的天平定会使你一败涂地。

庄子反对强努着去学习与做事。他的理论很高超：既然是学得会学得好的东西，自然而然就能学到做好，也就根本没有必要大张旗鼓地去学去干。

这有点道理。比如语言，一个人讲母语无须上专科学校更无须恶补也不用参加托福考试。从一个不会讲话的婴儿，到咿呀学语，到成了语言大师，多半你自己也不知道个中程序。外语就不同了，你得费劲，费劲的结果是你永远不可能像掌握母语一样好地掌握外语。

做事也是这样。愚公移山，你费了老鼻子劲，移掉了多少呢？如果不是移山，而是日常的功课、日常的生活，如果是打扫庭院、穿衣吃饭，你需要摩拳擦掌地专门去努力吗？

以我们的经验为例。我们搞人民公社的时候，讲了多少次要坚持要顶住呀，又讲了多少次不要滑到资本主义那边去呀——请注意，搞公社要咬牙拼命，而资本主义只须轻轻一『滑』，这是什么事儿呀！学习也一样，我们组织过一次又一次的学习、讲课、反思、转弯……如果一切符合客观规律，至于如此地事倍而功半吗？

正像最高的技巧是『无技巧』（巴金语）一样，最好的学习是『不学习』吗？最好的干活是『不干活』吗？最好的辩论是『不说话』吗？如果当真如此，最好的活法会不会是『不活』呢？没有那么简单。虽然老庄诸人都那么向往简单朴素原始与明快，世界远远没有那么舒服，真正人人逍遥、日日逍遥、年年逍遥的话，也是一种可怕的失重与飘浮吧？辛苦与负担可能是生命所难以承受的重量，绝对的逍遥呢，可就是生命所难以承受的轻飘了！

更聪明与更合理的设计恐怕不是绝对的单面化，而是一种平衡：轻与重之间，学与不学之间，做与不做之间，大

言与慎行之间，辛劳与逍遥自在之间……有所平衡，有所转化与过渡。静如处子，动若脱兔，进可攻而退可守，用藏在我，舒卷随心，邦有道则智，邦无道则愚，那才是化境呢！

顺便说一下，这里说的求教求学，主要是学境界、学修养、学品德，却丝毫不重视学知识，这恐怕是我国古代哲学包括诸子百家的一个先天性弱点。

备物以将形，藏不虞以生心，敬中以达彼，若是而万恶至者，皆天也，而非人也，不足以滑成，不可内于灵台。灵台者，有持而不知其所持，而不可持者也。不见其诚己而发，每发而不当，业入而不舍，每更为失。为不善乎显明之中者，人得而诛之；为不善乎幽间之中者，鬼得而诛之。明乎人，明乎鬼者，然后能独行。

既然万物是自然存在与具备的，也就自然顺应成形，其外形为何，行为如何也就不是问题，不劳思虑了。（前贤解释『备物以将形』是准备物质以将养形体。）深敛、淡化自身对于外物的无法把握和常常是不靠谱的思忖测度，使自己的心思不往嘀嘀咕咕、斤斤计较、患得患失上走，使心思正常生发、活动、居处。自爱自敬，珍惜、净化自己的心术与动机，也就能推己及人，推广到爱人敬人、爱物敬物，与万物和睦相处。做到了这些，你仍然碰到各种灾难祸事，那就只能说是天意了，并不是由于你的不当、人为的过失而招了祸，也就不会因为碰到忧患而乱了本性、失了准头。不要把这些阴暗与混乱收纳入心灵。在心灵（灵台）那里，你当然会有所把握，有所持守，但是你并不是确切地精到地知道一定要把握遵循什么（你其实看不清你的底线），也就不可能处心积虑地生硬地去把守什么。如果你做不到真诚地与深刻地认知与显现自身，如果你不能较真地确认你自己的需求与原则，便轻易地多有发表发散显露，这样你的

表现就可能不合时宜，多有不当，不能准确地表达出你自己，外界的事务不断地搅扰于内心，你老是放不下，你的表达显露作为总是得不偿失。在光天化日下做了不妥的事，你会受到人众的责备与惩罚，在阴暗幽蔽的角落做下坏事，即使不被人众察觉，也会受到鬼神的谴责与报应。如果一个人不论是在人众中，还是鬼神中，都能做到光明磊落坦荡，这之后便能独行而无愧无惧了。

『认识你自己！』这是欧洲的一句名言。据说这是刻在德尔菲的阿波罗神庙三句箴言中最有名的一句。此话的出处说法不一，或斯巴达的喀隆，或泰勒斯，还有更多人相信来自苏格拉底。尼采也说过：『我们无可避免地与自己保持陌生，我们不明白自己，我们搞不清楚自己，我们的永恒判词是：「离每个人最远的，就是他自己。」』

当今世界，有所谓对于主体性、主体思想的多种说法，也与这个『认识你自己』的命题有关。

《庄子》在这里关注到了这个问题。《庄子》反对执著于自己，也努力论述摆脱客体即所谓外物对于主体的干扰的问题。随物成形，实际上是对于文化淡化诉求，只求顺其自然、随遇而安，不求另起（文化的）炉灶。对『藏不虞以生心』的各种解释似乎不甚得要领。『不虞』云云，这个词至今使用，一般指不可预见、不可测度。人对于世界、对于外物、对于环境，常常会有种种估摸、分析、预案、得失、顺逆的计较与反应。而《庄子》认为，人的这些『虞』，害多利少，讹多正少。只有控制隐藏诸多的不虞之忧，才能通『自己』的顺畅生机。『敬中以达彼』，好话，人必自信而后人信之，人必自重而后人重之，人必爱人而后人爱之。己欲立而立人，己欲达而达人，己所不欲，勿施于人，儒学讲的这方面的道理与『敬中以达彼』（端正内心才能通达他人、自尊自重方能敬人敬业）的说法一致。

是老天爷的事情，我们不必悔恨自责。这就比老子说的那个『陆行不遇兕虎』『入军不被甲兵』全面得多了，其实老子也讲过『天地不仁』。

底下的对于灵台（灵魂所居存的平台，或曰灵府，或曰心宅）的探讨很有深度。做到了以上三方面，就不会吸收有害信息，不会受到外界的负面影响，不受精神污染——却原来，不受精神污染的思路在中国是源远流长。灵台的特点是有所守护却不确切知道在守护什么，有所警戒却不确切知道警戒线划在何处。你只能遇到什么去处理什么，叫做相机对待、相应处理。你无法在心灵中划好警备区与警戒线。守又守不住的是灵台，必须有所持守的也是灵台。《庄子》果然灵活，若有若无，若护若失，若持若不持。其实，岂止是灵台（即内心里的东西）如此？天下许多喊破了嗓子的坚持，能永远坚持、万年不变吗？

在认识自己之前不要轻易有所表现、有所行动、有所闹腾。这是进一步的发挥。人对于自己其实是陌生的，尼采的观点与这里讲的『不见其诚己而发，每发而不当』的说法相通。问题是人们，尤其是公众人物，尤其包括政治家与文艺家，总是不停地在那里『见——现——显』……问题还不在于你的想法是否符合客观实际、时代潮流、人民利益、群众舆论，首先是，你拼死拼活地闹腾的，很可能并不符合你真实的思想感情利益与价值观念。这句话说得够绝的，够令人出一身冷汗的了。

不论是显明之中还是幽间之中，人为不善，必有后患。这个说法与儒家的『慎独』说是一致的。儒也罢，道也罢，

注重个人的心功、修养、境界，提倡以高超的自我修炼与内心功夫应对繁复险恶的大千世界，它们自然相通，它们自然高明，它们自然也会有作茧自缚、没有多大出息的地方。

> 券内者，行乎无名；券外者，志乎期费。行乎无名者，唯庸有光；志乎期费者，唯贾人也，人见其跂，犹之魁然。与物穷者，物入焉；与物且者，其身之不能容，焉能容人！不能容人者无亲，无亲者尽人。兵莫憯于志，镆铘为下；寇莫大于阴阳，无所逃于天地之间。非阴阳贼之，心则使之也。

只求自身分内的东西，或是只求内心的完美，做什么事也就不会、不必、不可张扬显赫。追求分外的大收获，志在竭尽可能地取得最大财利。做事不追求出头露脸的人，常常具有充实的光耀。其志在于利益最大化的人，则不过是商贾罢了；人们差不多都能看到他们追求的过分与前行的艰难，他们自己却以为是平安与正常的。能够理解外物、与外物沟通顺应的人，外物也就能够为他所接受。而与外物与人众相隔膜的人，他连自己都不能包容理解，又怎么能容受他人？不能容人，也就没有谁与他亲近；没有亲近者的人呢，等于已经为人众所抛弃。兵器虽然锋利，并不能摧毁人的心志，从这个意义上说，宝剑如莫邪者也不算是最高级的武器。其实，真正最强大的敌手，不是兵器，而是阴阳之气。阴阳变异消长，任何人只要处于天地之间就没有办法逃脱阴阳的左右。并非阴阳的变异损害了谁，是人们心灵出了毛病，自取其病。

如果将『券内外』释为『分内外』，似与老庄的其他篇章段落脱节。更好的解释恐怕仍然是老庄乃至中华文化强调内功的学养与主张特色。向内转即在心灵中追求平衡、和谐、逍遥，与向外扩张、追求现实利益的最大化，在这两

者的对比与选择中，孔孟老庄都是更强调前者。

与后文也能联系起来——莫邪剑虽然厉害，只能取敌人的首级，却不能取敌人的心志，叫做『三军可夺帅也，匹夫不可夺志也』。这话绝对是对的。现代战争中的『斩首』方略就是通过夺其帅而夺匹夫之志，例如伊拉克战争。阴阳，则是指大道，指自然之理，指辩证法，指绝对理念、历史规律与天意，指气数，指物极必反、月盈则亏的天道。这也对：你掌握了天道，比掌握了一把宝剑厉害多了。

不知为什么，这一段话更像出自喜讲或兼讲兵法的《老子》，《庄子》中谈这样的问题并不多见。倒也是，这里本来是托老子之口所讲说的。

道通。其分也成也，其成也毁也。所恶乎分者，其分也以备；所以恶乎备者，其有以备。故出而不反，见其鬼；出而得，是谓得死。灭而有实，鬼之一也。以有形者象无形者而定矣。

大道对于万物，通通是有效的、涵盖的。一个东西分离解体的同时，另一些东西形成而且固定了。一种事物的形成与固定，也正是这种事物的解体与毁灭的开始。人们不喜欢解体与分离，因为那意味着一种新状态的形成与固定。人们不喜欢形成与固定，因为它意味着还要进一步地去形成与固定。所以，如果一个人一心关注追求外物、外在的世界，就等于使自己陷于解体，叫做活见鬼，叫做见了鬼了。脱离了本性而欲有所得，得到的就是死亡；脱离了本性而徒具形体，你也就成了一个鬼了。只有把有形的形体看成是无形的大道的一部分，你的内心世界才会得到安定与准头。

『恶乎分』，又『恶乎备』，值得思索。《庄子》向往的是古朴的混沌，是混沌的五官混一，叫做浑然一体的状态，

是不加分离的最原始也是最伟大的状态。以此来考虑文化史、社会史、学术史也很有趣。社会愈发展，分工越细，每种职业、每个圈子、每一种新事物就愈加固定、呆板、分割、局促、压抑而且沉闷。所以，许多古典的大师都提出全面发展的幻想。美国的反面乌托邦小说《美丽新世界》就以福特纪元作为人类灾难的标志，因为福特的流水生产线把整个劳动过程分割为细细的机械的简单的劳动。分割之后很合理也很明确，但其结果使生产者与整个生产及产品的关系更加疏离，使生产者更加处于局部与盲目的低下位置，所以其出现更加可恶。

『其分也』『其成也』的『其』到底是什么？可以泛指一个事物一件东西，例如水分解了就出现了氢和氧，而氢一旦剧烈氧化燃烧，就再次出现了水。苏联解体了就出现了独联体诸国家，而后格鲁吉亚与俄罗斯反目，乌克兰颜色革命（近年却是再逆转），还有波罗的海沿岸三国变成了北约成员。这些，未尝不是『恶乎分』又『恶乎备』的事例。但『其成』『其分』之『其』，更可能的是指大道，这才与道通的说法衔接得好。道本来应该是『有物浑成，先天地生』的，分散在各时各处，下载，形成了种种事物。形成种种事物后，人们往往反而忘记了背离了大道，叫做背道而驰，叫做天下无道，当然可恶。何况完备化固定化的过程是永无休止的，真不知道伊于胡底呀！

从这个意义上，我们对于『出而不反，见其鬼』等也许可以读出不同的味道。大道不能分割，老子那里叫做『不割』。人也不能分割，人的一切关键在于自身，一切靠向内转，靠内功，不能眼睛向外，不能追求外在，不在于一切有形的物质，而在于精神的纯一、混一、不割。否则就是自己与自己分家，一心求外物者等于早早地毁灭了自己，等于早早地把真我与鬼我都勾调出来，等于自我的分裂。

出无本，入无窍。有实而无乎处，有长而无乎本剽，有所出而无窍者有实。有实而无乎处者，宇也。有长而无本剽者，宙也。有乎生，有乎死，有乎出，有乎入，入出而无见其形，是谓天门。天门者，无有也，万物出乎无有，有不能以有为有，必出乎无有，而无有一无有。圣人藏乎是。

一种事物、一个生命的出现并没有起源与根据，它消失即进入无穷，也不需要孔道与路径。有的存在具有真实性，却没有明确的处所位置。有的有成长延伸，却摸不清成长的过程始末。有所产生出现却没有明确的出现的孔道的万物，分明是实际的存在。具有实在性的万物，却判断不准它们的居处位置，这就是宇，即无穷的空间。具有成长延伸却摸不清成长的过程与始末，这就是宙，即无始无终的无穷的时间。世上永远有生有死，有出现，也有遁入。遁入与出现都不呈现具体的形迹，这就叫做天门。所谓天门，就是说其实无有这样一个可见可触的如人间的门的『门』，万事万物都从这个乌有之门出现与产生。『有』的本质与起源并不是『有』，有并非来自『有』，而必定是出自『无有』，而『无有』就是一无所有。圣人就藏身于（或谓游心于、思考于）这样的无有之中。

这一段在整个《庄子》之中也属抽象而且玄妙的。它讨论无与有的关系。有是从无中产生出来的，个体的生命是如此，一个创造物，一个新的政权，朝代、国家、作品、理论、科技，唯其来自无有的创造，才是伟大，才是高明的，才是天才的果实。所以说，有并不产生于有，而是产生于无有。实在、实存、实体都是实的，但它们在无穷的空间与时间之中的坐标，却是不固定不明确不清晰的。它们的出现与消失的轨迹、孔道、门户，都是不固定不明确不清晰的。这是由于具体的存在难于与无穷大的世界进行比较测试。有与无又有明显的不同，从有到无，从无到有，经过的不是

关隘，不是凯旋门，不是路口，而是并不实存的天门。经过并不实存的天门，却出现了或者消失了实存的事物或者人。你能理解这样的并不存在的天门吗？你能想象这样的玄妙的天门吗？

最后说，圣人藏身于这样的无有中。此语不如解释为：圣人的大道藏蓄在这无与有的玄妙与伟大的关系之中。有是无所不有，无是无所不无，无所不无又可以转化为无所不有，无所不有又可以转化为无所不无。有不是无，因为它有。有又不是有，因为万象万物都会转化为无。无不是有。但无不是绝对的无，它的前身和后续都可能或都必定是有。其实，从物理学的观点来看，物质是不灭的，能量是不灭的，从物质与能量的观点来看，有是永远的有。这是圣人罗蒙诺索夫发现的道理。从物质的形态、结合、化合、存在方式来说，一切都是从此有的形态，变化到此有消亡、彼有出现的形态，一切具体的存在都会化为无有，无才是根本，才是本质，才是起源。从神学的观点来看，除了终极的神祇或理念以外，一切存在的另一面便是虚无。从哲学的观点来看，有无无有的变化转移便是世界，便是人间，便是学问。无与有既是统一的、共生与互生的，又是前后矛盾的，彼此消长的。

思考一下无与有的问题对于人有什么好处吗？第一，无中可以生有，有可以变无，这样地生生不息，同时是逝者如斯夫，不舍昼夜。不要僵化，不要凝固，不要对于类似有与无间的转化大惊小怪、心慌意乱。第二，许多情况下，变易是无形的，你不可刻舟求剑、胶柱鼓瑟。你不可只知拒变防变，不知通变应变。第三，如果你心仪于圣人，如果你是准圣人，应该把握有与无的火候，可以天光自见，也可以和光同尘；可以藏于深渊，也可以怒而飞，展翅南溟；可以搞木死灰、呆若木鸡，也可以知鱼论世、解牛冲浪。

古之人，其知有所至矣。恶乎至？有以为未始有物者，至矣，尽矣，弗可以加矣。其次以为有物矣，将以生为丧也，以死为反也，是以分已。其次曰始无有，既而有生，生俄而死；以无有为首，以生为体，以死为尻；孰知有无死生之一守者，吾与之为友。是三者虽异，公族也；昭景也，著戴也，甲氏也，著封也，非一也。

古时候的人，他们的才智也有堪称登峰造极或到头儿的时候。什么样的登峰造极呢？有人思考到了想象到了，最早宇宙中是没有万物存在的，虚无才是世界的本原。这种观点是到了头儿啦，说到了底儿上了，无法再进一步寻根溯源了。其次，一些人认为宇宙初始已经存在某些事物，他们把生命的出现看成是某种事物的丧失与转移，而把死亡看成是那种事物返归——回了老家。这样的观点也很高明，但已经对事物有了区别对待。再次一等的，认为宇宙初始确实什么也没有，后来就产生出了生命，活着，时间不久就会死掉。他们把虚无看做头，把生命看做躯体，把死亡看做尾骨。如前文说的：『谁能明白有、无、死、生的同一性，我就可以与他做朋友了。』以上三种说法虽然各不相同，其实是彼此相通与一致的。正像在楚国王族中，昭、景这两个姓是从祖上传下来的，而甲氏是由于封邑而获得了姓氏。昭也罢，景也罢，甲也罢，说的其实是同一个人，那么，无呀生呀老呀死呀，说的也是一回事啊！

这才叫终极关怀。关怀到『至』（即顶点那里），关怀到万物万象皆无的起始与归结，关怀到无而生之、生而死之，关怀到生死有无什么区别的诘问。一般人认为生命的全部意义就在于那活着的几十年，《庄子》在这里却认为那只是角度的不同、说法的不同。出生前、生命当中、死后，其实说的是同人同物同一个对象。就是说，尚未出生，已经酝酿了你的生命，已经是你的生命的一种前期存在形态。死后更是一种新的存在形态——驾鹤西去的形态、仙逝的形态、

永垂不朽的形态、长眠的形态。以楚国王公贵族的姓氏为例，说明同一个事物可能有不同的名称、说法，反映的是不同的侧面、层次、品质。生的特点与死的特点属于同一个人同一条生命，区分生死未必是必要的，也未必是可能的，本来嘛，压根就是生中有死，死中有生，生即死，死即生……这也算奇谈妙想了。

有生，黬也，披然曰移是。尝言移是，非所言也。虽然，不可知者也。腊者之有膍胲，可散而不可散也。观室者周于寝庙，又适其偃溲焉，为是举移是。

有了生命，也就是有了气的凝聚，就要一次次地使是非变化或此或彼的形态推移下去。万物万象的是非与形态一旦产生变化推移，也就要划分什么彼与此、是与非。我们谈论彼此与是非，其实这样的话题本就不是我们的谈论能够把握与起作用的。谈了半天，人们对于是非彼此仍然是不明不白。比如说，腊月祭祀时，置放着牛的内脏和四肢，你可以分开认识，却只能放在一处，只有祭祀完毕后才能分散拿走。（那么，它到底是应该分散，还是应该集拢呢？）又比如说，参观宫室的人规规矩矩地瞻仰整个宗庙，但也可以进入厕所出恭方便。（过早地拆散牛是不被允许的，祭祀完了分散拿走却又是对的了。参观时在厅堂里解手是不对的，进了厕所却用不着毕恭毕敬了。）像这些例子都说明彼与此、是与非在不停地转移着。

很生活，也很深刻。伟大庄严也有过期失效的时候。《庄子》外篇中已经举出过这样的例子：神器车马，祭祀时大家毕恭毕敬，祭祀完了，一把火了事。上厕所的例子更加好玩：进入了王宫正殿，你谨慎小心，不敢造次，但是你也照样有出恭解手的需要与正常生理活动。解手的时候该怎么排泄就怎么排泄，难以表达特殊的敬畏与良民的驯服。

用解手来消解过分的压迫、郑重、绝对化乃至独裁，迄今我只在米兰·昆德拉的《生命中不能承受之轻》中读过，该书就大便问题发表了不少宏论。当然，是《庄子》的思考与举例更早些。

请常言移是。是以生为本，以知为师。因以乘是非，果有名实；因以己为质，使人以为己节，因以死偿节。若然者，以用为知，以不用为愚，以彻为名，以穷为辱。移是，今之人也，是蜩与学鸠同于同也。

请让我再探讨一下是非彼此的推移和变动。你这是把生命看做出发点，以才智作为师法的标准来判断是非。于是你等以这样的出发点来统领是与非的把握，当真分辨出名与实的区别来了，于是不但有是非彼此，而且有名实之分析。再进一步，把自我树立成主体，让旁人以你的是非、彼此、名实当做自身的原则与操守，甚至不惜一死来为你树立的节操标准殉葬。像这样的人，以参与（掺和）入世为智，以出世隐蔽为愚，以通达透彻为名誉，以困厄艰难为羞耻。这种对于是非、彼此、名实的不可靠的认知，正是现今人们的通病，这就跟蜩与学鸠共同讥笑大鹏那样，乃是同样的幼稚可笑。

这里讨论价值观念的人间性与终极性、此岸性与超越性。以生命为出发点，以才智为师法标准，这是俗人的价值观念的世俗性、人间性。太俗了就会浅薄简陋，斤斤于鼻子底下那点得失，如这里描写的，以自我为主体，以主体为节操，以通达为荣华，这样只能是蜩与学鸠的水准。

尤其是这里说的『以己为质，使人以为己节』，很触目惊心，它描绘出了个人野心家、唯我论者的嘴脸，值得人们警惕。我在《我的人生哲学》中引用的一位老友的话——『永远不可将自己绑在某某个人的战车上』，便是对症下药。

这段话有些机会主义、实用主义的解构味道。人们对于是非、彼此、名实的判断是以自我为中心而时时随着时间地点条件的推移而推移的，并非恒常不变的。你为之殉节的那个原则，其实是他人的需要、他人的原则、他人的标准、他人的变动不羁的实用主义的产物，你为之殉节，岂非愚傻？这样说，却忽视了人生中的一些绝对理念、绝对命令、绝对价值，例如爱惜生命、见死施救、助人为乐、以人为本等。过多地强调一面，确有其不足取处。

蹍市人之足，则辞以放骜，兄则以妪，大亲则已矣。故曰，至礼有不人，至义不物，至知不谋，至仁无亲，至信辟金。

一般习惯，踩了路人的脚，要赶紧道歉赔小心；兄弟间踩了脚，要心疼并安慰；父母踩了子女的脚或子女踩了父母的脚，也就算了。同样是踩一个脚，也分三六九等，这又有什么好的呢？所以说，最好的礼法是不分你我的，最好的正义是不分彼此的，最高的智慧是全无谋划的，最大的仁爱是绝无亲疏之别的，最大的诚信是无须用金玉之类的物品作为凭证、抵押的。

人生不要搞得太烦琐，价值不要定得太细密，礼法不要搞得太严格，关系不要推敲得太清晰。老庄提倡的是这样的大而化之，听其自然，随遇而安的人生原则与处世方式，即是这样逍遥自在的活法。用现在的话说，就是不要搞得人们太累啊！还不如以不变应万变——你有千变万化，我有一定之规，你有千条智谋，我只靠一个混一的光明、放心与正直呢！

彻志之勃，解心之谬，去德之累，达道之塞。贵富显严名利六者，勃志也。容动色理气意六者，谬心也。恶欲喜怒哀乐六者，累德也。去就取与知能六者，塞道也。此四六者，不荡胸中则正，正则静，静则明，明则虚，虚则无为

而无不为也。道者，德之钦也；生者，德之光也；性者，生之质也。性之动，谓之为；为之伪，谓之失。知者，接也；知者，谟也；知者之所不知，犹睨也。动以不得已之谓德，动无非我之谓治，名相反而实相顺也。

拆除意愿所带来的躁动昏乱，化解心智带来的谬误束缚，放下德行的牵挂计较，打通通向大道的隔膜与疙瘩（就对了）。尊贵、富有、荣显、威严、名誉、利禄等六种引诱，都是给意愿添乱的因素。容颜、举止、美色、辩理、声气、心意等六种信号，全是干扰心灵的因子。厌恶、欲求、喜悦、愤怒、悲哀、欢乐等六种状态，全是牵累德行的原因。拒绝、接受、赢得、施与、智谋、才能等六种倾向，全是阻隔大道的元素。四个方面，各六种，四六二十四种因素能不闹心了，内心就会端正，人内心端正了就走向平静，平静了就会明洁，明洁了就会虚旷阔大，虚旷阔大了就能够本身不做什么而万物万事该怎么作为就怎么作为。大道，是德行所钦敬与崇拜的高端；生命，是德行的光辉与弘扬的表现；心性，是生命的本质与主导。心性有了动机，就会驱动一些行为，叫做有为。有行动而不是来自真诚的动机，乃是受人为的伪动机所驱使，叫做失掉了本性。知识，出自与外物的互动；智能，出自心中的谋划。当然，每个人的智能都是有限度的，具有智慧的人也会有不了解不知道的领域，就像眼睛的视野，是受限制而不是无所不见的，你斜着眼睛看了半天，仍然有所不见不知。能够不动的时候就不动，有所举动则必定是出于不得已的原因，这才叫有德（至少是不会无事生非）。有所行动却无非是自我的顺应、内心的需求，这就叫做治。名义上、概念上、说法上，人们常常相悖相争相反，或常常会感到自身与外界相顶牛（原因是各种说法太多，是非太多，自寻其扰太多），而实际上，（彼此与是非之间的差别并不见得像说的那样势不两立）对立的双方常常可以互相妥协和解。

虽然庄子时期并没有这个词，但这一段讲的恰恰是防止与克服『异化』。富贵荣华名利威权，这可能成为人的异己的灾难性的力量。酒色财气意理，何尝不会异化而成为人自身的敌对一方？把意理与酒色财气之属放在一起，有趣，人们的意（义）理之争何尝不是常常变为意气之争、门户之争、权力或实利之争？喜怒哀乐与好恶，不更是会常常蒙蔽了人的耳目，使自己与他人指鹿为马、颠倒黑白、混淆是非、平添混乱？而人的主体性、选择性、所谓去就取予哀乐，其背后的自以为是、刚愎自用、得意扬扬、顺我者昌逆我者亡，何尝不会成为害人害己的魔障？想想人类的历史吧，族群之争尤其是教派学派观点意识形态之争，带来了多少苦难乃至于血腥！

怎么样才能做到不使人的这一点点聪明、这一点点自信、这一点点伎俩变成自身的对立面呢？《庄子》的药方是『不荡胸』，即不闹心。然后是『正、静、明、虚、无为而无不为』。这里的『正』关键在于不要因了私利私欲而偏颇执拗。这里的『静』的哲学是中华文化乃至东方文化的一种特点，一动不如一静。我们从来反对轻举妄动，反对浮躁，反对揠苗助长，反对缘木求鱼，反对南辕北辙，反对没事找事。我们心仪的是以静制动，以柔克刚，以不变应万变。这里的『虚』讲的是给自己留下空间，即选择的空间、汲取的空间、包容的空间、创造与超越的空间。这里反对的是自满，是背包袱，先入为主，是僵化呆板，是死守祖训，抱残守缺。只消想想中国走向现代化的历程之曲折艰难，阻力之大，代价之惨重，我们就应该能够明白『虚』的重要性了。

然后再讲『道、生、性』。大道进入了生命领域，进入了人间，就要按天性、人性办事，避免和克服人事人为人间的非人化、非人性化、反人类化。比如中世纪的僧侣主义，比如中国的名教杀人，比如某些宗教派别、政治派别乃

至武侠小说里的武功派别的杀戮异己。

同时，不是出自天性，不是出自笃诚，为就会变成伪。什么叫伪？一个『人』，一个『为』，人为的而非天然的就是伪。这叫做为中有伪。视野所难以达到的地方，斜着眼费了大劲看到的一切，靠得住吗？这又叫做知中有不知。

让我们想想看，我们一生中会碰到多少装腔作势而实际上愚不可及，摇头摆尾而实际上空洞无物，指手画脚而实际上全无用处，蛮横霸道而实际上极端平庸低劣，滔滔不绝而实际上全是假大空废话套话的自作聪明的白痴与弼马瘟啊！

不得已才有行动，这尤其是针对君王们的劝告。有行动也无非是符合自己的判断与要求，不妨解释为不做违心的事，这主要是针对臣子与士人的劝告。

『名相反而实相顺』，这是一句迄今没有被国人发现的、理应大放光芒的格言。多少当年的势不两立、不共戴天的对立与仇杀呀，从名上、言辞上、说法上看，他们真称得上是泾渭分明、邪正殊途、人妖对立、善恶二元，毫无调和的余地。而当一切成为历史以后，人们会发现，至少其中的一部分人和事，在一些时候也许他们是半斤八两，也许是五十步笑百步，也许是互相转化、『弈棋转烛』罢了，也许是不了了之，白白地误了多少性命！

为什么事实上可能相顺可能交融与相互转化的存在，势力，力量集团，彼此杀了个头破血流呢？就是由于四六二十四种片面，愚蠢乃至于邪恶：你与他，都是那样功名利禄，酒色财气，争强好胜，挑肥拣瘦，自我中心，自欺欺人，牛皮烘烘，心存恶意，争一日之短长，斗红了眼珠子，这样的四六二十四种通病，即使在一家之中也会成为分裂与憎离的根源，何况在侯国、在天下、在人类、在政治斗争或商业竞争、在学术争拗与艺术流派的竞争之中呢？人一旦争起来，最方便的便是将各种恶名（帽子）扣向对手，以各种美名装扮自己，这样才能争取更多的追随者，同时为自己壮胆。结果呢？换汤不换药，转了一圈又走到一起来了，尤其是跟着拼命的百姓们，从前是这样，现在还是这样，『外甥打灯笼——照旧（舅）』，这样的例子还少吗？

让我们再进一步，用当代的语言讲讲此语对我们可能的启发吧。庄子与他的追随者所谈的这些问题，也是那时的活生生的当代。不要把这些活生生的话语解释成为抽象空洞的玄学空谈。什么叫名？旗帜、名义、名分、主张、纲领、口号、提法、世界观、意识形态、左倾右倾……紧紧扭住这些不放，有时是必要的，是必须弄清楚的，但有时也会搞得头破血流、你死我活、势不两立、批一万年（当年有云，批修正主义要批一万年）。而如果有条件采取相对务实的政策，适当搁置争论，讨论实际问题，实事求是，求同存异或求同化异，以人民的最大实际利益为依归，注意改善民生，发展生产力与文化，以实践检验真理，无常心，以百姓之心为心，以百姓过好日子为依归，关系就会顺多了，事情就相对好办得多了，你说是不是？

四　以天下为笼，以其所好笼之，可得

羿工乎中微而拙乎使人无己誉。圣人工乎天而拙乎人。夫工乎天而俍乎人者，唯全人能之。唯虫能虫，唯虫能天。全人恶天，恶人之天，而况吾天乎人乎！

羿的功力在于能够射中精微的目标，但是他不擅长制止他所不喜欢的人众对于他的吹吹打打。圣人的能干在于研

习天道，并不一定擅长人事。擅长研习天道而同时善于周旋人事，只有『全人』能够做得到。像虫豸一样地生活，虫子天然能够做得到。也就是说，唯独只有虫子能够做得到天赋予虫子的一切性能。（而人常常做不到上天赋予自身的全部性能。人不但会暴殄天物，更会是暴殄自身。）『全人』有时候也会与天龃龉，那首先是与人为的一切的龃龉，再说你自身不也是天命的产物吗？以每个个别人的自我来论，你分得清人与天吗？

一个有特殊本事的人，例如一个射箭能手，他的功力属于天，他的标准在于天，人众的喜怒哀乐、酒色财气对于他的中靶成绩不起作用。而人众对他的反应，则属于人事，加进了喜怒哀乐、酒色财气。一个写作人的才华来自天，是否畅销，是否红得起来，则不是他能左右的。一个所谓的英雄或野心家，他的膂力、智商、机缘、运气乃至寿夭，基本上属于天，但其成败强弱众寡，则是人事。天是公道的，犹如射箭比赛的规则。人事则天知道是怎么回事，好人可能胜利也可能失败，坏人可能完蛋也可能走运。

什么至人啊圣人啊真人啊神人啊之外，这里又提出了一个『全人』的概念。既通天道，又精人事，叫做『工乎天而俍乎人』，不容易。要做『全人』，先做你自己，如同一个虫子，你做好虫子才能通天通道通古今中外。『全人』也是这样，你首先是你自己，可以为牛，可以为马，可以为虫，可以为龙。做到这些了，仍然会不喜欢天，或被不喜欢天仍然厌弃你冷落你！好的，OK，那又有什么呢？你本身就是既天且人啊，谁能分他个一清二楚！

一雀适羿，羿必得之，威也；以天下为之笼，则雀无所逃。是故汤以庖人笼伊尹，秦穆公以五羊之皮笼百里奚。是故非以其所好笼之而可得者，无有也。

一只小雀恰被神射手羿看到了，羿一定要射中它，这是羿的威风。而如果你能够做到使整个天下成为适宜鸟雀居住生活的雀笼鸟园，那么就不是一只鸟雀，而是所有的鸟雀，没有哪一只能够逃逸。所以商汤用庖厨来笼络伊尹，秦穆公用五张羊皮来笼络百里奚。所以说，不去投合天下人的所好，不以此来笼络人心，而可以得天下的，是根本不可能的。

前面一段话读完，你会心生疑惑：莫非是天道比人事还容易掌握？为什么天道的研习比较简单，而人事的处理反而难以把握？这里说了，人事的关键在于笼络做局。你要有大的格局，你要有涵盖包容天下鸟雀的雄伟心胸，而不是妒贤嫉能、狭隘排他、山头宗派、见一个捉一个，更不是见一个灭一个。你要使天下成为你笼络人才的最佳环境，然后人们才会为你所用。

『笼络』一词，现在不是什么正面的词，它有一种要手段的味道。这里的关键在于是否与天合一、与道合一，有无天道的境界。如果你的笼络目的是搞山头宗派，你搞的是小圈子廉价的斗斗斗，你的笼络活动就是一文不值，就是无聊透顶。而如果你能做到像天地一样地无所营营、无所斤斤、无所孜孜，如果你能理解一切包容一切，如果你不把是非彼此名实病态地气迷心地挂在口上心上脸上，你的气魄与胸怀就完全升华了扩展了你的『无为而无不为』。

这也是把争取一个人，或者消灭一个对手，争夺一个影响，制造一个效应，取得一个事功，大而化之，化而道之，人而天之。完全一事不做是不可能的，问题是你的小我能不能扩为大我，你的人事能不能升为天道。就是说，你可以是神箭手，但你不是用箭去瞄准，不是用技术去征服，不是通过人为的殚精竭虑，而是通过天道的伟力，从根本上入手，从得道上使功夫，缔造最佳环境、最佳条件、最佳气氛、最阔平台、最伟大的天地，使天下人无脱于你的包容涵盖，

这也是老子讲的『天网恢恢，疏而不失』。

介者拸画，外非誉也。胥靡登高而不惧，遗死生也。夫复謵不馈而忘人；忘人，因以为天人矣。故敬之而不喜，侮之而不怒者，唯同乎天和者为然。出怒不怒，则怒出于不怒矣；出为无为，则为出于无为矣。欲静则平气，欲神则顺心。有为也欲当，则缘于不得已。不得已之类，圣人之道。

受了刖刑而失去了双脚的人，不再在乎外形的修饰打扮，因为他已经将外人对其外表的反应置之度外。服苦役的囚犯，登上高处也不怎么害怕，因为他们的处境已经使之顾不上自己的死活。对于用言语恐吓自己的人能够忘在一边，能够忘掉他人的人，就可称做合于自然之理又忘却人间之事的『天人』。所以，被敬重却不因之惊喜，被侮辱也不会因而愤怒，这是带有天地和顺之气的人才能做得到的。能够化解掉怒气的原因是从根本上说这里没有怒火，那么即使有点怒气也是出于不想怒、不准备怒；有所作为但不是处心积虑地要有作为，那么有为也就出于无为。想要宁静就要平息意气，想要养神就要理顺心绪，无论做什么事都要求一个恰当适度，做什么事都要考虑个不得已，即做什么事也不能一意孤行、放肆痛快。事事不得已的做法，也就是圣人之道。

这是说，抓大放小是人的天性，当脚丫子四肢都保不住的时候，外观如何也就不在话下。当因重罪而失去了自由与尊严之后，死活反而成了小问题。与天融合为一的人，自然不会计较什么好话赖话、什么尊宠侮辱。有火气是具体的与偶然的，无火气是总体的与必然的。有忙碌辛苦是具体的与偶然的，无忙碌辛苦是总体的与必然的。

有怒出于不怒，有为出于无为。作为一个活人，你总会有怒有为有喜有悲，但你的根本是无怒无为无喜无悲，是

嘛也没有的虚静状态，偶有所怒，怒罢仍然是不怒，偶有所为，点到为止，为完了立马歇手。这不像老子所讲的无为、为无为、事无事、味无味，也不像《庄子》前文所讲的槁木死灰那样彻底、富有玄学与审美趣味，但比较容易接受与操作，它与有为论、有情论进行了某些调和与妥协。

《庄子》中多次讲这个不得已，看来这个不得已，不完全是当被迫来解释，它包含并强调的是勿为已甚的意思，是知止的意思，是适可而止、见好就收的意思。

或谓杂篇甚杂，其价值无法与内篇、外篇相比。此话也要分析。关键在于你能不能抓得住篇中一些天才的说法，或者尚未成为天才的论述却极有可能被引向、被发挥修补为天才的论述的素材：也就是说，篇中有无通向天才与高端的思辨与智慧的契机。有，就极有价值，哪怕它本不是庄子所书，哪怕它只是无名小人物『X子』或『Z子』所写。我们的趣味不仅仅在于解说与考证，我们的快乐不仅仅在于淘金挖金，还有拭掉锈斑还我光泽，我们的趣味更在于炼铁成金、点石成金、化平庸为神奇、化杂章为绝唱。管他外篇杂篇、X子Z子，这都是先贤参与庄周的奇思妙想、神理鸿文的伴唱与和声，至少是庄周的陪唱者、应和者、修饰者与簇拥者。那么，今人如老王者也不甘寂寞，也唱出了自己的一嗓子，也说了一些前贤庄学家的解释疏注中全无的理解。是狗尾续貂吗？是佛头着粪吗？是别开生面吗？是不但有所开掘而且有所加工，不但有所附丽而且有所发明吗？读者，让我们一起来唱一个庄周大合唱吧！

老王说：《庄子》杂篇之妙，首在见解，横空出世，闪闪发光，盘旋伸展，潜龙深藏。繁星在天，叠影大荒，吟咏无端，舞蹈彷徨，启人五内，耀目八方，直入肺腑，发人奇想。唯年代久远之后，有的如天书，有的如咒语，有的如卦辞，

有的如祷文，加上各种解释考证，直如怪字堆积，异词泛滥，令人晕菜。老王的目的不仅是遍查古今资料以解释说明，更追求的是激活，是弘扬，是互证，是互文，是延伸也是碰撞，是火花也是磁场，是发现也是畅想。是将《庄子》这口古钟当当当、当当当地敲响；是以王解庄，更是以庄解王，尤其是以人生解庄，以世事说王，是探讨它的正解，更是探讨它理论的空间与发挥的奔放！

徐无鬼（上）：理想的尊严与务实的掂量

这一章谈了很多社会政治问题。从士人的尊严到对于权力与主导价值的嘲笑，从治理的狂妄到顺其自然的童子的高超，从诸子百家的热闹与混乱到失去对手的悲哀，从热学、声学的现象到人间诸事的联想，从高士的难以合群成事到大匠运斤（抡斧子）也要看对象的比喻……智慧到处有，傻乎乎的我们能不能咂摸出点滋味来呢？

一　爱民还是害民

徐无鬼因女商见魏武侯，武侯劳之曰：『先生病矣！苦于山林之劳，故乃肯见于寡人。』徐无鬼曰：『我则劳于君，君有何劳于我！君将盈耆欲，长好恶，则性命之情病矣；君将黜耆欲，掔好恶，则耳目病矣。我将劳君，君有何劳于我！』武侯超然不对。

徐无鬼通过女商的关系见到了魏武侯，武侯慰问他说：『先生太受苦啦。生活在山林之中，吃了不少苦头吧？这不，你现在终于愿意来找我啦！』徐无鬼说：『我是来慰问你的，不是找你来慰问我的！你这样养尊处优的人，还不是要满足自己的嗜好和欲望，助长自身的喜爱与厌恶，结果搞得你的性命心绪很苦。要是废黜嗜好和欲望，抑制爱好和厌恶，那么你惯于享受的耳目就会因之而感到乏味枯燥，十分受苦。看来，需要慰问的正是你呀，我有什么劳苦艰难可慰问的！』武侯听了一怔，不能回答。

诸子百家之中，老庄是比较牛。他们立论高屋建瓴、势如破竹，因为抽象，比较敢说敢吹敢抡敢砍。所谓的玄圣素王比真圣真王还牛，就因为他们讲的是玄理，吃的是素食，穿的是粗布，牛两下不过是精神胜利，无大碍，无后果。这位徐无鬼先生就是牛气冲天，猖狂（无贬意）绝顶，一见面先把魏武侯压下了半头。

越是侯王，越是高官大款肥猫猛将越是欲望如天，满足了就更贪婪，不满足就苦煎熬。徐先生直击要害，打得魏武侯摇摇晃晃。

这里的『好恶』，应该是个偏正词，与今日所讲的复合词不同。如同说褒贬其实说的是贬，好歹其实说的是歹，那么这里的好恶其实指的是喜好。

一家一本难念的经，一家一本自己的快知足图。君侯有君侯的难处，寒士有寒士的难处；君侯有君侯的牛皮，寒士有寒士的牛皮。正常情况下，寒士的处境比君侯的处境更艰窘一些，寒士比君侯的生活更单纯从而淳朴一些、放松一些，也是事实。二者比较，则难于说清。正常情况、多数情况下，人们羡慕君侯而不羡慕寒士，也是事实。

少焉，徐无鬼曰：『尝语君，吾相狗也：下之质，执饱而止，是狸德也；中之质，若视日；上之质，若亡其一。吾相狗又不若吾相马也。吾相马：直者中绳，曲者中钩，方者中矩，圆者中规。是国马也，而未若天下马也。天下马

有成材，若恤若失，若丧其一。若是者，超轶绝尘，不知其所。』武侯大悦而笑。

稍过了一会儿，徐无鬼说：『我很想与你谈谈我观察识狗的经验。下等品质的狗，只知道填饱肚子，只知道吃，这是跟野猫野兔一类的本能。中等品质的狗能够凝神静气，好像常常注视着太阳。上等品质的狗，神定气闲，它们像是忘掉了自身。而我识狗的本领，比不上我识马的本领。我发现，马的体形线条，直的地方要合乎木匠用的墨线，弯曲的地方要合乎勾弧，带角的地方要合于角尺，浑圆的地方就要合于圆规，这样的马可以算做国马——一个侯国代表性的良马，不过，它们仍然算不上天下的良马。天下最好的马，一切都是天生的材料，它们缓步时似有忧虑，奔跑时神采飞扬，总像是忘记了自身的存在；它们超越马群，疾疾如风，由于迅速，它们不会沾上奔马扬起的尘土，它们把尘土远远丢在身后，却不知道这样高超的本领从哪里得来。』魏武侯听了高兴得笑了起来。

《庄子》中反复强调的是一种理想：不拘一格，无法衡量，没有规格，不知来源，不须论证，不须努力，不须过程，自然而然地出现天生的超人超物，其品质、性能、境界为一般的人与物所不能比拟。庄子的理论是：中规中矩、有迹可求、有道理有依据可讲的好是二等的好、一般的好，可分析可触摸可掂量的好，如狗而直视太阳，如马之直的地方直如划线、圆的地方圆如圆球。而更好的马不需要这些三围呀、图线呀、比例呀、姿势呀、凝神呀之类的玩意儿。这也如《庄子》所讲的列子御风犹有所待，你得等着起了风才能航空航天嘛。庄子要的是『乘天地之正，而御六气之辩，以游无穷……』就是把一切大而化之、大而虚之、大而无之，他要的是无影无踪的伟大，无形无神的伟大，无标志、无道理、无规则、无来由，尤其是无法衡量、无法分析的天生的、混一的、玄而又玄的伟大。

而且，天才的狗或马共同的特点是『若亡其一』，好像忘记了自身存在，好像精神并不集中，恍恍惚惚，好像忘掉了点什么，好像它们什么都不知道。当然，更多的先贤愿意解释为正因为忘却了自身的存在才能做到气定神闲，也许还有抱元守一。看来，这些天才的狗与马也都深明无为而治的道理，虚静恬淡的道理，大智若愚、大盈若冲、大才若滞、大辩若讷、大勇若怯的道理。与西方人比较，中国人更讲究内敛，讲究深藏不露，做到无表情无反应无端倪。这确实有点让人瘆得慌。神魔一念间，学庄学不好，不但会变成阿Q，也会变成阴谋家、鬼蜮伎俩。

那么学庄学得好呢，就会像庄子一样的高瞻远瞩、胸怀宽广，从根本上解决一切矛盾分歧，超越是非、物我、彼此、始终、高低、贵贱、智愚、寿夭、生死，进入通人、至人、真人、神人的与天同在，与道一体，与日月星辰、江河湖海同游的超拔绝顶的境界。

这里还有一个问题，是徐无鬼一上来就与武侯谈论君王的嗜欲问题，这在今天看来，相当冒失。然后一下子跳到相狗相马术上来了，突兀，转弯太快。是徐无鬼就合武侯的低水准吗？是徐无鬼借狗马说事吗？叫人摸不着头脑。读起来，倒觉得武侯的脾气很好，而徐无鬼有点心虚，生怕别人不了解他的高明伟大与自得其乐。

徐无鬼出，女商曰：『先生独何以说吾君乎？吾所以说吾君者，横说之则以《诗》《书》《礼》《乐》，从说之则以《金板》《六弢》，奉事而大有功者不可为数，而吾君未尝启齿。今先生何以说吾君，使吾君说若此乎？』徐无鬼曰：『吾直告之吾相狗马耳。』女商曰：『若是乎？』曰：『子不闻夫越之流人乎？去国数日，见其所知而喜；去国旬月，见所尝见于国中者喜；及期年也，见似人者而喜矣。不亦去人滋久，思人滋深乎？夫逃虚空者，藜藋柱乎鼪鼬之径，踉

位其空，闻人足音跫然而喜矣，又况乎昆弟亲戚之謦欬其侧者乎！久矣夫，莫以真人之言謦欬吾君之侧乎！』

徐无鬼走出武侯的宫室，女商说：『先生究竟用了什么特殊的办法使我们国君这样高兴的呢？我用来使国君高兴的办法是，从宏大宽阔方面说，就要向他介绍《诗》《书》《礼》《乐》的大道理大学问，从久远绵长方面说，就要和他谈论韬略兵法演变的典籍。为国君效力而大有功劳的人多了去啦，而国君从不曾说过什么好听的话；如今你究竟说了些什么来取悦国君，能让国君这样满意呢？』徐无鬼说：『我也就是说了说我怎么相狗相马。』女商说：『仅仅如此吗？』徐无鬼说：『你或许听说过越国流浪汉的故事吧？他离开越国几天，见到老相识老朋友，感到非常高兴；离开越国的日子月份稍长了些，只要是见到在国中所曾经见到过的认识的人便很欢喜，等到过了一年，见到样子沾点边、好像是同乡的人，就能大喜了。你看，离开故人故里时间越长，想念故乡的心情也就越强烈了啊！至于逃向荒原野地的人，生活在茂密的野草里，那些灌木草丛堵塞了黄鼠狼出入的路径，他们只能在草丛空隙里碰碰撞撞地生活。这种情况下，能听到人的脚步声也就非常兴奋啦；如果有兄弟亲属在身边说笑，当然就更欢喜了。估计很久了没有谁用真诚朴素的大实话在武侯身边说笑了啊！』

这一段其实相当尖锐。掌权者很难听到常人所说的平常话。他可能常常听到阿谀奉承，常常听到歌功颂德，常常听到为取悦于他而曲为设计的甜言蜜语；当然，他也会不时听到进谗告状，听到邀名死谏，听到假大空套话，有时也不免听到告急求援或是边关出事之类的报告。有个徐无鬼，能说说狗呀马呀的事，而且他这样的谈话中不无含意、不无道理，自然使武侯感到前所未有的清爽辽阔！

这使人想起《红楼梦》中的刘姥姥，她由于村俗鄙陋、言谈举止常闹笑话（尤其被黛玉与妙玉所轻视嘲笑）而使贾母十分喜爱。就像吃多了鸡鸭鱼肉宁愿吃粗粮野菜一样，生活在假话套话中的君侯能听到几句普通的人话，他该是多么欣喜啊！

我也想到凤凰台的『锵锵三人行』节目，这种原生态的聊大天，远不如其他谈话或表演节目严谨与讲究质素，它常有信口一说、有头无尾、挂一漏万、草草而过的情形，但人们硬是喜欢看这种真实、即兴、无准备与无底本的绝非演出的节目，就像听了太多了学院派的美声演唱以后也想听一听只会咳嗽的人的歌喉（刘索拉语）一样。

能不能让君侯之类的人生活得更普通些、更真实些？

徐无鬼见武侯，武侯曰：『先生居山林，食芧栗，厌葱韭，以宾寡人，久矣夫！今老邪？其欲干酒肉之味邪？其寡人亦有社稷之福邪？』徐无鬼曰：『无鬼生于贫贱，未尝敢饮食君之酒肉，将来劳君也。』君曰：『何哉！奚劳寡人？』曰：『劳君之神与形。』武侯曰：『何谓邪？』徐无鬼曰：『天地之养也一，登高不可以为长，居下不可以为短。君独为万乘之主，以苦一国之民，以养耳目鼻口，夫神者不自许也。夫神者，好和而恶奸。夫奸，病也，故劳之。唯君所病之何也？』

徐无鬼与魏武侯见面，武侯问：『长久以来，先生生活在山林之中，吃的多是橡子野果，咽的是葱韭之类的大路菜蔬，而与我们当政者保持着距离。这回是不是因为上了点年纪，也想涉猎一下美酒肉菜的美味呢，还是你老有什么对于国家百姓利益的挂牵，要进言造福于我的国家吗？』徐无鬼说：『我出身贫贱，从来不奢望能够享用国君给的酒肉美食，

只是打算来慰问一下你，向你道个劳乏。』武侯说：『什么！怎么会是向我道劳乏呢？』徐无鬼说：『我是前来慰劳你的精神和形体。』武侯说：『你说的这是什么话呀？』徐无鬼说：『天与地对于人们的养育是同样的，占据了高位不见得就意味着高人一等，身处卑下的地位也不见得就矮人三分。你现在管着这么大的地面，役使着全国百姓，以人民的辛苦劳役来满足国君你眼耳口鼻的欲望。我想，一个神灵或与神明相通的人可从来是不会这样自私自利与贪得无厌的。神灵或与神明相通的人，愿意与外物与众人和顺相处而厌恶自己的私利谋划，为个人谋划私利，这是一种病态，所以需要我的慰问。那么国君你的这种病症，病象如何呢？』

《庄子》杂篇里的这一段相当清醒，相当于英国阿克顿爵士的名言：『权力使人腐化，绝对的权力使人绝对地腐化。』阿克顿的名言出现在十九世纪，《庄子》此段则出现在纪元前。这也说明，《庄子》杂篇中仍然有极精彩的内容。

『君独为万乘之主』，一个独为，相当于阿克顿所讲的绝对的权力。万乘，是指大国，大国的权力比小国的大。『以苦一国之民』，君之权力不在造福人民而是劳苦人民、压迫糟害人民，干什么呢？以养耳目鼻口！这还不是腐化吗？『天地之养也一，登高不可以为长，居下不可以为短』，这里甚至有了点天赋人权、人人平等的意思。人们处境的不同是地位的不同所造成的，然而，地位并不意味着高下的区分。『天地之养（天赋）也一』，即天赋并无高下之别，这当然是很先进的思想，虽然事情并不像说起来这样简单。天之养，各人的身体素质、智力、遗传基因，未必是一而可能是二三四五八。

国君比老百姓更需要慰劳，这话有点幽默，甚至有点对于国君的善良之意，倒不是造反有理或你死我活、不共戴天，

而是要慰问你。你有那个清明，来接受慰问与劝抚吗？你老觉得是别人羡慕你、求你、围着你转？对的，你周围的人就是这样的人，但是也有徐无鬼这样的人，看着你的脱离生活、脱离真实、脱离人民，觉得是你糊涂、被冻结与封闭，很可悲。你想得到吗？

或者，我也想象了或设计了另一种图景：武侯听罢，大怒，好你个徐无鬼，居然不识抬举，居然装模作样地议论什么国君的嗜欲，拉出去，斩首！

武侯曰：『欲见先生久矣！吾欲爱民而为义偃兵，其可乎？』徐无鬼曰：『不可。爱民，害民之始也；为义偃兵，造兵之本也。君自此为之，则殆不成。凡成美，恶器也。君虽为仁义，几且伪哉！形固造形，成固有伐，变固外战。君亦必无盛鹤列于丽谯之间，无徒骥于锱坛之宫，无藏逆于得，无以巧胜人，无以谋胜人，无以战胜人。夫杀人之士民，兼人之土地，以养吾私与吾神者，其战不知孰善？胜之恶乎在？君若勿已矣！修胸中之诚以应天地之情而勿撄。夫民死已脱矣，君将恶乎用夫偃兵哉！』

武侯说：『我希望见到先生这样的高人已经很久了。我就是要改弦更张，爱惜我的人民，而且要以正义的名义停止一切战争行为，这还不行吗？』徐无鬼说：『那可不行。所谓爱人民，闹不好反而是祸害人民的开始。而所谓以正义的名义而停止征战，恐怕也只是制造新的征战的根苗。你如果从这些方面来入手治理，不大可能成功。一个人君，完成了美名美业，也就获得了作恶的工具。一个人君立志践行仁义，恐怕也就接近于伪饰的假招子了！显示出了美好的形迹，同时必定会伴随着处心积虑的做作与仿造的痕迹。有了事功政绩也就难免要背包袱与得意扬扬，有了变数的

由头，有了改变的机会，也必定会去争夺战斗。请你千万不要摆样子、架子花，浩浩荡荡像一群鹤飞翔展示在丽谯楼前，也千万不要在锱坛宫殿耀武扬威地检阅步兵与骑兵。你不要偶有所得便沾沾自喜，产生奸诈贪欲逆反之心。不要搞谋略去压倒对方，也不要用战争手段去征服别人。杀戮他国士卒和百姓，并吞他国的领土，用来满足自己的贪欲和好胜的心，与他们打来打去究竟有什么好？胜又能胜在什么地方？胜了又算得了什么？！快快把这一切争夺与战争停下来吧！你要培育与滋养心中的诚心诚意，符合自然而然的天性，不去扰乱百姓。百姓横死的危险得以减少，百姓能够活命了，你还有什么必要煞有介事地去偃旗息鼓、反战停战呢？』

爱民是害民之始，这话相当片面，但又极其深刻，发人深省。前一段《庄子》已经说了，你穷一国之力，只是为了你自身的耳目鼻口。这话说得简单了些，因为确有些君王，除了个人的器官享用还考虑到集团、地域、宗族乃至某种理念的得失胜负。但再伟大的东周诸侯也有自私性、贪得无厌性、以权谋私性，《庄子》说破了这一点，带点性恶论的色彩，比不说破好，比不说破更容易防止（而不是遮掩）以权谋私。

东周诸侯中，没有谁是大公无私的，没有谁在爱民的幌子下不包含爱己为己的动机，这是一。爱民的结果是让民听你的，让民奉献给你这『寡人』，而你的主意并非都对老百姓有利，你可能有些好主意，也可能有不少昏招、狂招、乱招、损招，只能扰民害民，这是二。由于你的爱民，民失去了自己决定自己的命运与行事方式的自由，民变得越来越被动、愚傻、盲目，莫知所措，这是三。岂不痛哉！

以正义的名义停止战争会成为新的战争的造因——说得太棒了！你说你是正义的，你的停止战争是令对方无条件向你归顺，对方用同样的逻辑要求你向他归顺。还用说底下的事吗？就是希特勒，当年也曾经滔滔不绝地推销他的纳粹理论并得到了一定的认可呀！在维也纳的一个广场，就有老人向我叙述当年希特勒德国吞并奥地利后希魔在此处讲演时一些人感动得热泪盈眶的场景。

美名成为作恶的手段，多少名人的昏乱与恶行借助于自己的美名。例如美国高尔夫球运动员『老虎』伍兹，例如香港的艳照门，例如名人的种种丑闻……这更是性恶论了。

『虽为仁义，几且伪哉！形固造形，成固有伐，变固外战。』这几句话清醒得令人发抖。性善论的仁义道德当中常常包含着作秀的虚伪。这个说法与这个说法所反映的现实同样都很可怕。如果这个说法是真实的，那么就等于认定世间本没有仁义道德，世上有什么呢？自私、虚伪、奸诈、贪婪，那么一切伟人、善人、教主、英雄、烈士、慈悲、博爱、德行……难道都是假的吗？如果这话说得不对，堂堂《庄子》中怎么会讲这样的助恶抑善的话？一个一心向善的人，不是不仅不能得到应有的成功，而且会被戴上作伪的帽子，干脆无法被人理解与接受吗？『形』（事迹）是造出来的，『成』（功绩）是吹出来的，这样的看法是不是太阴暗了呢？反正老庄立论的主旨都在于反贪欲、反争夺、反扩张、反浮躁、反强行做不可做之事，他们意在清泄、祛毒、降温、熄火、警世、醒世，他们要给个个儿争得眼珠子发红的诸侯君王们狠狠泼一盆凉水。

而它的极言『胜之不足为胜，战之不足为善』，尤其讽刺那种搞鹤鸟列队、士兵检阅式的花架子，着人深思，发人深省，大大有助于世道人心也。

二　囿于治、囿于事，人们就这样失去了自由

黄帝将见大隗乎具茨之山，方明为御，昌寓骖乘，张若、謵朋前马，昆阍、滑稽后车。至于襄城之野，七圣皆迷，无所问涂。适遇牧马童子，问涂焉，曰：『若知具茨之山乎？』曰：『然。』『若知大隗之所存乎？』曰：『然。』黄帝曰：『异哉小童！非徒知具茨之山，又知大隗之所存。请问为天下。』小童曰：『夫为天下者，亦若此而已矣，又奚事焉！予少而自游于六合之内，予适有瞀病，有长者教予曰：「若乘日之车而游于襄城之野。」今予病少痊，予又且复游于六合之外。夫为天下亦若此而已。予又奚事焉！』黄帝曰：『夫为天下者，则诚非吾子之事，虽然，请问为天下。』小童辞。黄帝又问。小童曰：『夫为天下者，亦奚以异乎牧马者哉！亦去其害马者而已矣！』黄帝再拜稽首，称天师而退。

黄帝为了瞻仰大隗（大道、巨大的空寂或得道之至人名大隗者）来到了具茨山（又名泰隗山），方明驾车，昌寓陪乘车上，张若、謵朋在马前引路，昆阍、滑稽在车后照顾。来到襄城的旷野，七位圣人都迷了路，又找不到人可以问路。这时碰到一个牧马的男孩，便问：『你知道具茨山吗？』少年回答：『是。』又问：『你知道大隗是在什么地方吗？』少年回答：『是。』黄帝说：『这个孩子，可真是不一般啊！你看他不仅仅知道具茨山，而且也知道大隗是在什么地方。那么请问，怎么样才能治天下呢？』少年说：『治理天下，也就这么一回事儿，又何必事儿事儿的呢！我小时候自顾自地在天地四方之间游走，正逢得了头晕眼花的病，有位长者教导我说：「你就坐上太阳光当车，在襄城的郊外野地里游荡你的好了。」现如今我的病已经好一点了，我觉得我还会到天地四方之外去游心驰意。至于搞定

天下恐怕也就不过如此而已，又有我什么事呢！』黄帝说：『要说呢，治理天下，确实不是你所用心的事。即便如此，我还是要向你求教一番。』少年听了，拒绝回答。黄帝又问。少年说：『治理天下，跟牧马哪里有什么不同呢？也就是不要干害马的事就齐了！』黄帝听了郑重行礼，称少年为『天赐良师』，转身退去了。

《庄子》中喜欢用抽象的形态名词命名拟人。『大隗』，是伟大高耸空寂。『方明』，犹言晨曦黎明或豁然而明。『昌寓』，应是天宇昌明通畅。『张若』『謵朋』，含义不详。『昆阍』可能有昏暗之意。『滑稽』则带有机智幽默的笑意。明明昏昏、陪陪伴伴、闷闷喜喜，黄帝代表着吾人，带上人生的各式状态来到具茨山瞻仰巨大、虚空、高耸、终极的形象来了。这是拜山之旅，这是敬道之旅，这是崇神之行。他们当然要迷路，他们岂能不迷路，不迷路难道能找到人间的具有形体的大隗不成？『无所问涂』其实就是问不出准地方，不止是黄帝一行，就是当地的老百姓也不知大隗为何物。看来对于大道的接近，正与对于上帝、真理、起源与最终归宿的寻找一样，只能靠近，不能见到得到摸得到，近着近着又远起来了，远方是近，近才能远。这也如俄罗斯联邦鞑靼斯坦共和国首府喀山的民歌：『喀马河一座城，在哪儿也说不清啊，喀马河一座城就在河边，用手也摸不着啊，用脚也走不到哇，喀马河一座城就在那河边。』

而对于牧马小童来说，情况是别样的。他从小就在大山里游荡逍遥，他是自然之子。他曾经头晕目眩，感受到六合内外的空茫与无穷。头晕目眩，这就是道感道悟道心。他接受教导乘坐日光之车（不妨开个玩笑，理解作太阳能之车），与时俱变，与天同行，渐渐平稳起来。他对于治天下当然不感兴趣，好模好样的天下，只有野心家与狂人才一心夺之有之定之治之毁之。不毁就行，治它个屌！类似的说法在具有无政府主义倾向的人当中是流行的。我就听到人

说过，例如主管什么文化的部长人选，说是他能发展什么文化，不糟蹋文化就算是好的了。

贬低治理，贬低君王与官员，声称一个牧马的小孩也比励精图治的君王大臣强，这个说法有几分痛快，当然未必靠得住。这个说法里还包含着某种『卑贱者最聪明，高贵者最愚蠢』的因素，带有普罗路线的萌芽，当然那时候并无『普罗列塔里亚』（无产阶级），也还没有阶级斗争的学说。

知士无思虑之变则不乐；辩士无谈说之序则不乐；察士无凌谇之事则不乐：皆囿于物者也。

智力发达的人没有思虑上的推演与变换便不会感觉到痛快，善于言辞争辩的人没有谈说的机遇、没有被安排发言讲话就不会感觉到痛快，喜于明察、眼中不掺沙子的人没有对别人的冒犯与责难的猎获（即没有了整肃的对手）也不会感到痛快，可以说，这都是一些个局限性，受到了人的天性以外的外物的控制与束缚。

按，这些并不是完全的外物，而是自己的特长。特长（包括社会分工）也能成为自我的画地为牢、依赖外界条件、无法取得精神的自由逍遥的祸根。只有最深最犀利最毒辣的眼睛才能看得出来。当然这并不完全是个人的问题，社会分工会造成人的局限与片面乃至畸形的发展，思想家们包括马克思等提出了这个问题，庄子的有关论述算是形成得比较早的。

按照这个说法，我也就理解了早年听到过的一个笑话，说是有的刽子手，见到谁就先琢磨该人的头颅与脖项，研究如果行刑的话应该从该人的何处下刀。那么好斗成性以后，不斗就失魂落魄，一斗就朝气蓬勃；表演成性以后，一发言就声泪俱下，今天为维护A打倒B而声泪俱下，明天为维护B打倒A同样可以声泪俱下，不声泪俱下就发不了言，

这样的人我也见过。

招世之士兴朝，中民之士荣官，筋力之士矜难，勇敢之士奋患，兵革之士乐战，枯槁之士宿名，法律之士广治，礼教之士敬容，仁义之士贵际。农夫无草莱之事则不比，商贾无市井之事则不比，庶人有旦暮之业则劝，百工有器械之巧则壮。钱财不积则贪者忧，权势不尤则夸者悲，势物之徒乐变。遭时有所用，不能无为也，此皆顺比于岁，不物于易者也。驰其形性，潜之万物，终身不反，悲夫！

推荐忠良、招引贤能的人可以在朝廷里有所作为。能够一眼看明白百姓的事理的人可以荣任官职。筋骨强壮的人可以做到知难而上。勇敢无畏的人遇上麻烦总是奋发雄强、压倒祸患。手握刀枪身着盔甲的人乐于打仗。与世无争、清静皓素的人追求的是清高的名节。钻研法律条例的人一心推行治理管制。提倡礼乐教化的人注意仪容外表，鼓吹仁义道德的人注重人际关系与旁人的反应。农夫没有锄草育苗的事便觉没着没落，商人上不了市场、做不成买卖也会心神不安无所事事。百姓哪怕有临时的工作也会劝勉自身要好好干。工匠只要有灵巧的工具就会干得红红火火。钱财积累得不够那么多，贪婪的人就会郁闷不乐。权势不那么突显，风头欲熏心的人便会自嗟自哀。随时准备争权夺利、浑水摸鱼的人期待着变乱提供的机遇。上述的这些人，都在等待时机，时机一到就连轴转将起来，想不转也做不到。这些人都在那儿应时而动，应该说是应时而被动，谁也甩不掉外物的引诱与掌控，他们心力交瘁、没完没了地奔波劳碌、心驰神往，沉潜在外部条件的制约之中（接近灭顶），一辈子也回归不到真我上来，实在是可悲啊！

讲了各种特长给人带来的不乐反忧的可能后，《庄子》再论述一些特长是需要施展平台的。『招世之士』需要朝廷。

『中民之士』需要官位。『筋力、勇敢』者需要危难的考验与提供『考场』。『兵革之士』需要战争，没有战争哪儿能出来天才指挥官与战斗英雄？

『枯槁之士』的说法非常有趣，敢情不叫清高隐士，而叫枯槁之士，又枯槁又俨然地『士』一家伙，多么好玩！这说明，『宿名』也者，也可以作『需要名的传播』解，如果只有枯槁而没有名，谁知道你是枯槁之高士呢？你枯槁或者不枯槁，与哪个人有关系呢？枯槁之百姓多矣，岂止枯槁，百姓而生下来就枯槁，最后成为饿殍多矣，关谁的事？枯槁，应该是士的特点之一，乃至主要特点吧？不知在最早出版《庄子》的时期这二字有没有自嘲的含义。文章僧命达，从来才命两相妨，士而不枯槁，士而烈火烹油，鲜花著锦，成何体统？岂有此理？

然后从『法律之士』讲来，偏重于人的从业特性了。研习法律的人需要治国，这是美国的习惯，当总统的人常常是学法律的。

『礼教之士』，有的版本作『礼乐之士』，注重外表，本来嘛，从老庄的观点看来，礼乐之倡导，太表面也太烦琐了。其实事物的容形与内涵是相互影响的，好的内涵会派生出好的容形来，好的容形也会积累好的内涵。

『仁义之士贵际。』你有个仁义的讲究，你是不自由的，你只有在与他人的交往之中，才能践行、显示、发挥、弘扬出你的仁义道德来。如果你无人可以交际，如果你每天只是独处，养病，或者像海明威的《老人与海》中的老人那样单独驾船出行，主要是与鱼而不是与人打交道，你上哪儿仁义去？你最多是条硬汉，但即使硬到与鲨鱼共亡也没有什么价值意义评说。《庄子》的意思是，仁义并非普适价值，而是公关爱好者不可或缺的本钱。它是不是说得准确，读者自有公断，但它的思路确实引人入胜，也发人深省。

然后往下说职业，三百六十行，各有各的局限，各有各的甘苦。

农夫必须忙于稼穑，不然恐怕不是不自在的问题而是吃不上饭的问题。《庄子》中的所谓庄子此人，虽然穷困潦倒，还真有几分精神贵族的高雅自由气质，它或他在讨论各行各业的局限的时候竟然忘记了从事某种行业首先考虑的不是精神受不受局限而是不从事相关职业就会饿饭。

商人必须忙于市井之事，同样也是功利的目的。功利的目的也可以成为趣味，可以其乐无穷，至少是其乐有一些。老百姓则需要哪怕只是临时工的岗位。话中不无辛酸。富士康十余连跳事件发生后，有传媒揭露该公司常常加班，压力大；但也有一说，正是打工者们盼望加班，加班才有多挣钱的希望。呜呼，真正的劳动力的悲欢，不是养尊处优的『白领』们所能体会的！

『百工有器械之巧则壮』，这是一个很大进步，承认工具改革，承认劳动效率的讲求了。先秦诸子的一大问题是不大重视生产力的发展，这里总算沾了一点边。

正面说完就是反面的了，贪婪者永远为了财富膨胀达不到自己的欲望而悲哀。弄权者永远为自己尚不是掌权的尤物而丧气。而野心家、乱世奸雄、草莽好汉、机会主义者、不安分的害群咬群之马，最盼望的是天下大乱、礼崩乐坏、纲毁纪损，这样他才好浑水摸鱼，乱中取胜。

其结果是，你永远踏实不下来，你永远回归不了你虚静的自身，你因机会的变迁而毫无准星，你因时间的推移而

忙于紧跟，你因物象的变化而刻刻被动，你时时处于自我失控的状态，处于被驱赶被牵着鼻子走的状态。但结果是你不可能跟随外物的变易而变易，你的特长、平台、条件、职业、社会分工已经管死了你。这就叫做『顺比于岁，不物于易』，你的日程时间表已经固定，你已经无法跟随万物的更迭而演进。你的特长、你的需求、你的欲望、你的职业，都异化成为你的对立面、你的主人，亦即你的敌人，而你自己永陷苦海，万难自拔。悲夫，能不悲吗？

三　是百家争鸣还是乱成一团

庄子曰：『射者非前期而中谓之善射，天下皆羿也，可乎？』惠子曰：『可。』庄子曰：『天下非有公是也，而各是其所是，天下皆尧也，可乎？』惠子曰：『可。』

庄子问惠子：『一个人射箭，没有经过瞄准，拉弓前没有任何期待预计，瞎猫碰死老鼠一样地误中了靶子，你能称他是善于射箭的人吗？如此这般，那样的话，天下之人可就都算得上羿一样的神射手了，可以这样看问题吗？』惠子说：『可以啊。』庄子再问：『天下判断是非没有公认的统一标准，却个个自以为是，以自己认可的标准为标准，那么普天下的人都以为自己才是唐尧那样的圣君，这样说得通吗？』惠子说：『可以啊。』

这很奇怪，按照《齐物论》的论点，死乞白赖地呕心沥血地在那儿练功、瞄准、力争十环，那才是最荒唐、最无用的。弓弦一拉，箭镞一飞，乃至眼皮都不抬，全无表情就把箭射出去了，那才能叫中的，叫十环，我们要的十环是道枢，是大道的圆心、世界的圆心，有什么需要孜孜以求地做前期准备与训练呢？羿与非羿，又有什么意义呢？羿之善于射箭，不正是他的乖谬与不幸之处吗？不射则忧，非十环则悲，箭靶不合格则怒，箭场被干扰则忿，出现了比他射得更好的人则妒，出现不了比他射得更好的人则热昏无已。既然此前《庄子》已经抨击过各种有特长的人，这里又何必为羿正名呢？

唐尧更是如此，前文也没有饶过唐尧呀！人之自以为是，固然不见得多么可喜可爱，人个个不自以为是，个个以他人以老板为是，岂不更不可思议吗？

庄子曰：『然则儒墨杨秉四，与夫子为五，果孰是邪？或者若鲁遽者邪？其弟子曰：「我得夫子之道矣！吾能冬爨鼎而夏造冰矣！」鲁遽曰：「是直以阳召阳，以阴召阴，非吾所谓道也。吾示子乎吾道。」于是为之调瑟，废一于堂，废一于室，鼓宫宫动，鼓角角动，音律同矣。夫或改调一弦，于五音无当也，鼓之，二十五弦皆动，未始异于声而音之君已。且若是者邪！』

庄子说：『不过你看，郑缓、墨翟、杨朱、公孙龙已经是四家学派了，加上先生你就是五个门户了，当真哪一位是对的呢？或者就像是鲁遽其人的故事吗？鲁遽的徒弟说：「我学到了夫子的道行了，我能够在冬天生火烧饭，而在夏天能制造出冰块来了。」鲁遽说：「这算什么？用具有阳气的东西来引导出具有阳气的东西，这就是生火，点火就要用火种和柴炭嘛。用具有阴气的东西来引导出具有阴气的东西，这就是冻冰嘛，冻冰就要找奇冷的处所或使用保存下来的冰块嘛。这可算不上是我所讲求的道行。现在我把我所宣扬的道行显示给你们。」于是调整好瑟弦，放一具瑟在厅堂，放另一具瑟到内室，奏响这张瑟的宫音，另一张瑟的宫音也就随之应和发声，奏响那张瑟的角音，这张瑟的角音也就随之而应和发声，无非是由于它们音律（即频率与振幅）相匹配的缘故啊！如果你改变某一根弦的拨奏，使之五音不能和谐，奏响起来，二十五根弦都发出震颤，却发不出不同的声音，也无法引导出声音的调性来。学人们争

来争去，不就是这么回事吗？』

今人常常会称颂羡慕先秦诸子百家自由争鸣的学术环境。在《庄子》杂篇《徐无鬼》章里的描摹却有所不同。国家不幸学家幸，不用百家，就是一家，已经是自以为是、莫衷一是、混乱嘈杂了。争鸣的结果是缺乏共识，是没有标准，是『老王卖瓜，自卖自夸』。于是讲一个什么鲁遽的故事。鲁遽或谓是周初人，也是一个兜售自身的士人，不但能忽悠，还能变戏法搞『行为学术』。其弟子能生火，不足为奇，谁不在冬天生火呢？钻木取火也好，击石引燃也好，预留火种也好，都不过是以火取火，以阳取阳，谁也没有给世间增添什么新东西新道理。夏天造冰难一些，亦无大奇处，在没有现代制冷技术的古代，人们常常在严冬储冰于地下室，留夏季再用，当然也是以冰取冰，以寒取寒。而鲁遽的表演稍微含蓄一些，他是以声取声，以调取调。《庄子》那么早就发现了共鸣共振的声学现象与规律，十分令人惊喜。振宫得宫，响角得角，真棒！搞个五音不调的，结果是二十五根弦一齐响，响了半天却并无新意、新音、新调，这个说法其实也相当深刻。虽然它包含着贬低百花齐放、百家争鸣的意图，从政治或政策上看绝对不『正确』，但它又包含着某些片面的深刻性，它可以引申出不争论的命题来。人就是这样：不争，是面和心不和，是不同见解的压制；争，是门户之见、大同小异、装腔作势、哗众取宠、不负责任、浪费时间与资源，不是提高了而是降低了行政治理的水准——争的结果常常是大众见解的平均数取胜，而不是最先进最深刻的认知付诸实践。以鲁遽为例，他的以声求声与弟子的以阳求阳、以阴求阴又有什么区别！他的最后一阵乱响，倒是发人深省。

不知道是不是解释过度，我们可以从声学现象上探讨人文、社会、政治的一些现象。只准拨角则角，拨羽则羽，

这是独裁，有章法有定准，但没有创造也没有生机；拨动一根乱弦，二十五根弦同时响，这是无政府主义，没有秩序也没有效率。

至今人们赞叹中国东周时期百家争鸣的活跃局面，但是当时的诸子是否同时苦于那种人人兜售、夸大其词、此起彼伏、莫衷一是的局面呢？不排除这种可能。

即使说到这一步了，书中所说的『二十五弦皆动，未始异于声而音之君已』的解释，到了我这里仍然是相当含混，包括许多先贤的说法，我也是越读越糊涂。

惠子曰：『今夫儒墨杨秉，且方与我以辩，相拂以辞，相镇以声，而未始吾非也，则奚若矣？』庄子曰：『齐人蹢子于宋者，其命阍也不以完，其求钘钟也以束缚，其求唐子也而未始出域，有遗类矣夫！夫楚人寄而蹢阍者，夜半于无人之时而与舟人斗，未始离于岑而足以造于怨也。』

惠子说：『如今的郑缓、墨翟、杨朱、公孙龙等人，他们与我辩论相争，用言辞悖反拂逆，用声势压制对方，却从不曾认为自己有什么不对的，请问这样就好吗？（又该且又能怎么样呢？）』

庄子说：『齐国有个人，由于自己的儿子有罪，就将他流放到宋国，却任命一个受过刑罚的残疾人看门。他得到一只酒盅，唯恐破损而包装了再包装，他寻找远离家门的儿子却连城门也不愿出。这样轻重不分、亲疏不辨、主观刚愎的表现，不就跟辩论的各家忘掉了自己的主张自己的追求而一味地争一日之短长一样吗？楚国有个人寄居在他人家中，却不识相地叱骂守门人，忘记了守门人有能力给他制造麻烦；半夜无人时又跟船家打了起来，还没有离开湖岸就

与人结下怨仇来了。这也太好斗成性了吧！』

继续发挥，讲述论争、争鸣、口水战的坏处。争则起火、走火、火暴，争则意气用事，进入非理性的昏天黑地。如齐人，他完全可能对自己的儿子火大，而对看门人不这样上火，对自己的钘钟则不但无火气而且充满怜爱。楚人好斗，火大，自然净干一些不得体的事情、蠢事情。《庄子》有济世之心，却不完全说透，不像儒家那样热衷于耳提面命。

庄子送葬，过惠子之墓，顾谓从者曰：『郢人垩漫其鼻端，若蝇翼，使匠石斲之。匠石运斤成风，听而斲之，尽垩而鼻不伤，郢人立不失容。宋元君闻之，召匠石曰：「尝试为寡人为之。」匠石曰：「臣则尝能斲之。虽然，臣之质死久矣！」自夫子之死也，吾无以为质矣，吾无与言之矣！』

庄子为一位亲友送葬，经过惠子的坟墓，回过头来对跟随的人说：『野地有个人，拿白垩涂料抹白了自己的鼻尖，也就如蚊蝇的翅膀一样薄厚吧，然后让匠石用斧子砍掉这一层小白垩。匠石挥动斧子呼呼作响，顺手向他的鼻尖上白垩砍去；果然，鼻尖上的白垩完全削去了，鼻子却完好无损。郢人站在那儿若无其事，面不改色。宋元君听说了此事，不免好奇，叫来匠石说：「你对我也这么砍削一下试试。」——咱们俩也试试嘛。匠石说：「我运斧很精，确实砍得掉鼻尖上的薄薄一层小白垩。虽然如此，可以与我的斧子搭配的伙计已经死去很久了，没有合适的人，我岂敢这样干？」是的，我也是如此，自从惠子离开了人世，我没有可以过往的搭档了！我没有可以与之论辩的对象了！』

花样百出、美不胜收的比喻和寓言啊！这是世界的秘密与快乐，一个故事表达着另一个故事，一个比喻表达着一个哲理。大匠运斤，斲鼻无伤，出神入化，惊险随之。这令人想起威廉·退尔，用箭射中儿子头顶的苹果。问题是退尔之冒险是被暴力胁迫，匠石之运斤却是能力与哲理之作秀，中国人太不为试验对象的祸福操心了。

咱们的杂技至今存有这样的节目：一个小演员手持白纸，练鞭功的专业演员刷地一鞭子，将纸劈两半，持纸者无伤。

这也是讲相反相成：没有涂鼻头的郢人，匠石不再挥斧子；而没有了惠施，何来濠上的千古妙语？在对待自己的对手的态度上，庄周堪称榜样。

这里还有一种人生况味的叹息：绝对的打遍天下无敌手是极乏味的！人性中包含着斗争的乐趣，这也很难改变。斗而不胜，是一种苦恼；斗必胜，也可能变得没有太大的意思，例如中国的乒乓球。

四 高士岂能成事

管仲有病，桓公问之曰：『仲父之病病矣，可不讳云！至于大病，则寡人恶乎属国而可？』管仲曰：『公谁欲与？』公曰：『鲍叔牙。』曰：『不可。其为人，洁廉善士也；其于不己若者不比之；又一闻人之过，终身不忘。使之治国，上且钩乎君，下且逆乎民。其得罪于君也将弗久矣！』公曰：『然则孰可？』对曰：『勿已，则隰朋可。其为人也，上忘而下不畔，愧不若黄帝，而哀不己若者。以德分人谓之圣，以财分人谓之贤。以贤临人，未有得人者也；以贤下人，未有不得人者也。其于国有不闻也，其于家有不见也。勿已，则隰朋可。』

管仲生了病，齐桓公问他：『你确实已经病得够可以的了，也就不必避讳什么了。一旦你病危，我把国事托付给谁才好呢？』管仲说：『你愿意交给谁呢？』齐桓公说：『鲍叔牙怎么样？』管仲说：『不行吧。鲍叔牙这个人，算得上是廉洁自律，是个好人。他从不会与比自己差的人为伍，不会受他们的影响；当他知道了别人的过错，一辈子也

忘不掉。让他治理国家，对上势必成为国君的约束，对下势必与老百姓也发生对立。用不了多久，恐怕他就会获罪于君王啦！』

齐桓公说：『那么谁可以呢？』管仲回答说：『实在没有人的话，隰朋也许还行。隰朋为人处世，对上不会念念不忘高位尊荣，对下不分什么尊卑地位。往高处比，他自愧不如黄帝，不会骄傲自大；与下面比，他又能怜悯理解不如自己的人。能用道德去感化他人的人，可以称做圣人；能用财物去资助他人的人，应该称做贤人。以贤人自居而高高在上，不会获得人们好感；以贤人之名而仍能谦恭待人，就没有得不到人们拥戴的了。对于国事，他不一定事事过问、事必躬亲，对于家庭，他也不会事事看管，他一定能做到抓大放小，有所放弃。如果没有更合适的人的话，那就是隰朋可以的啦！』

与《庄子》素来喜欢发表新、大、奇、险乃至惊世骇俗之论不尽相同，此段更像是世故、老到、平和、中庸的经验之谈，并且带几分难得糊涂的狡黠与犬儒主义的无奈。

为官，尤其是为相，一人之下，万人之上，如果太精明强悍，太刚正不阿，太钉是钉铆是铆，硬是眼里不掺一点沙子，你干不下去。一个精明而又强硬的人，既易得罪君王，也易得罪百姓，这两得罪足够要你的命。君王不用自己出面，百姓的反对、民心的丧失已经构成了你的该死之罪。百姓也不必反抗，给你扣上对君王不忠不敬不顺翘尾巴的帽子，你是不战即溃。

这其实很悲哀，清白无瑕、忠贞坚定、爱憎分明、疾恶如仇、廉洁自好，所有这些正面的品质，常常是不宜担当重任的实际缘由。不担当，这还是好的，更糟的是因正而败，因洁而被孤立，因明而变成孤家寡人，因才德过人而被疑被妒被防被斥直到被砍了脑壳。故先贤们都认为这一段故事说明了管仲对他的好友鲍叔牙的保护。

还有些细节也有点味道。桓公对管仲说，你病得大发了，也就不必避讳了。好，桓公称管仲为仲父，犹言干爹或俺叔，够交情的。管仲是个大人物，听了这种『不讳』之话，应该感到欣慰，比一味虚伪安慰好。

最后管仲推荐隰朋，一再说是『勿已』，就是实不得已的话如何，实在无人的话如何如何，这很低调很聪明，这既是对桓公的尊重，也是更务实的一种调子，并不是你姓管的早选好了接班人，不是你姓管的说什么就必须听命，而是仅供参考，仅供实不得已时选择斟酌。这也犹如美国人对于总统选举的说法，从两个坏人中选一个不是最坏的人。这样，才有利于被桓公接受。只有黄口小儿、青涩之辈，才会对自己的主张大吹大擂，大喊大叫，对不同的意见横眉立目，不共戴天。勿已勿已，呜呼，人的一生，有多少次勿已啊！

老王说：庚桑楚、牧马童子、庄子、管仲，各人的身份不同，言谈与行事的方式各异，但都比俗人高出一截。爱民是害民之始，偃兵是造兵之本，虽为仁义，几且伪矣，这些话堪称骇人听闻，令人出一身冷汗。依此节的观点，关键在于对权力与地位的作用估计过高，万物万事都是在天道的覆盖下运转的，权力与高位的得来也只能出于天道而不是你本身有什么了不起，你搞什么治理、出什么主意，提什么规范，不管什么动机，其结果都是扰民害民——他讲得太痛切了！

徐无鬼（下）：另类思路的缤纷花朵

猴子的聪明与灵活给自己带来了噩运。受到权贵与民众的欢呼，使南伯子綦愧疚自责。孔子到了楚国，说的是真正的大道不可言说，真正的大人不知其谁氏。子綦听说自己的一个孩子命好，悲极而泣。许由断定，提倡仁的结果是造成人吃人的社会。虞舜受到人众的拥戴，这就如同羊肉的膻气招引了蚂蚁。目明耳聪心灵才高都是危险的事情。走路时脚踩到的地面很小，需要的地面很多。这些说法奇异、逆反、有悖常情……然而它高明，比常理高出了一截。

一　怎么忍心责备猴子

吴王浮于江，登乎狙之山，众狙见之，恂然弃而走，逃于深蓁。有一狙焉，委蛇攫搔，见巧乎王。王射之，敏给搏捷矢。王命相者趋射之，狙执死。王顾谓其友颜不疑曰：『之狙也，伐其巧、恃其便以敖予，以至此殛也。戒之哉！嗟乎！无以汝色骄人哉！』颜不疑归而师董梧，以锄其色，去乐辞显，三年而国人称之。

吴王渡过长江，登上猕猴山。众猴看到吴王及随众，惊惶地四散逃命，钻进了荆棘榛蒿的灌木丛深处。有一只猴子不跑不逃，它从容灵巧地腾身跳跃，抓住树枝荡来荡去，在吴王面前展现它的灵巧。吴王射箭，它能够巧妙地接过射来的箭矢。吴王于是叫左右随从一齐上前放箭，猴子躲避不及，抱树中箭而亡。

吴王转身对他的朋友颜不疑说：『这只猴子显摆它的灵巧，仗恃它的敏捷而傲视于我，以致遭遇了这样的噩运！要以此为戒啊！唉，不要在世人面前自傲自大、盛气凌人呀！』颜不疑回来后便拜贤士董梧为师，用以消除自己形色上的幼稚与骄傲，拒绝声乐的排场与显赫的宣扬。三年过去了，他受到全国人众的称许。

不要逞能，不要浅薄外露，不要扬扬自得，这些中华古圣先贤的教谕无疑是正确的、有益的，但只讲这一面理则易流于一味地韬晦，缺少正大光明的竞争与上进。也许这一类的说法太多了，人会变得不阳光、不坦诚，乃至不求上进。讲故事也是一样，我们可以讲这样一个聪明反被聪明误、敏捷反被敏捷误、能干反被能干误的例子，为什么就不多讲一点聪明比愚蠢好、敏捷比迟钝好、能干比窝囊好的例子呢？后一类例子不是比前一类例子更常见吗？

这个理论由倚仗人多势众而射杀了一只猴子的吴王道貌岸然地讲授，就更令人反感。恶哉人也！这里的吴王给读者的印象，远不如那只跳来跳去的猴子。一对一的比试，吴王无疑已经败给猴子了，猴子是多么可爱与充满阳光，吴王是多么无赖而且孱头，动用一队『皇家』弓箭手来射杀一只小猴，太差劲啦！

南伯子綦隐几而坐，仰天而嘘。颜成子入见曰：『夫子，物之尤也。形固可使若槁骸，心固可使若死灰乎？』曰：『吾尝居山穴之中矣。当是时也，田禾一睹我而齐国之众三贺之。我必先之，彼故知之；我必卖之，彼故鬻之。若我而不有之，彼恶得而知之？若我而不卖之，彼恶得而鬻之？嗟乎！我悲人之自丧者，吾又悲夫悲人者，吾又悲夫悲人之悲者，其后而日远矣！』

南伯子綦坐在桌几后边，把自己挡了起来，仰面长出一口气。颜成子进屋来，看到南伯子綦，就说：『先生，你可真是出类拔萃的人物啊！人的形体可以像干枯的骸骨，心儿也可以像死灰一样吗？』南伯子綦说：『我曾经在山岭洞穴里居住。就在那个时候，齐太公田禾由于来看望过我，从而得到齐国民众一而再、再而三的欢呼祝贺。我想，首先是我自己说话行事太靠前，他因之能够知晓我的名声；我必定是有意无意地先出示过、出卖过、卖弄过自己的名声，

他因之起意分享、收购、收取与利用我的名声。（名利这种事，往往是有愿打的，有愿挨的，有愿买的，有愿卖的，两相情愿之事，一个巴掌拍不响，名人们也就不要得了便宜卖乖了。）如果我不具有那些美名，他怎么可能知道我这个人呢？假如我不是出示、出卖、卖弄过自己的名声，他又怎么可能分享与利用我的名声呢？唉，我为不能主宰把握自我而终于失却了自我的人而悲哀，我又为那些为他人悲哀却不知道为自己悲哀的人而悲哀，我并且为那些因他人悲哀而自己感到了悲哀的人而悲哀……从那以后，我便一天天远离这些廉价的名声交易与利用、这些无聊的计较与悲哀了——这不就形若槁骸、心若死灰了吗？』

我甚至于想：这是不是庄子的门徒对于《齐物论》一上来就大讲槁木死灰却没有展开的补充与发挥？

孔子那边有个『闻过则喜』，《庄子》这里则有个闻名而忧，闻名而愧，闻名而深刻检讨，而狠挖私字一闪念，而终如槁骸死灰。绝了！不要人气，不要畅销，不要荣宠，而且反求诸己。从此一切不得已啊、实在无奈啊的说法都立不住了——一切既自命清高又暴得大名的人物的小算盘都露底了。名声大者必有求名之心，因名而获利者必有求利之念，因名得位者仍有求位之乐，而被人利用者未必不是有意无意地出卖了自己。《庄子》说得好狠、好深啊！人必须对自己的命运负责，而不是让环境让他人让天地负责！

最后三悲，也悲得入木三分。只知悲叹旁人的命运，岂不知是你自身的命运更可悲！岂不知你这个从不为自身悲叹的人更堪悲叹！岂不知这种悲叹本身就更堪悲叹！因为你这是丧失了自我，不知道自己的责任、自己的选择的可能，不能勇敢地承当你的人生！专门为旁人悲叹与摇头的人是可悲的。例如，中国读者个个都为阿Q而悲叹，悲叹者自身

的性格与命运一定好于阿Q君吗？例如，人们为犯案被囚禁被处决的商鞅、李斯而悲叹，悲叹者一定比被制裁者幸运而且值得快意吗？例如，人们为了他人的种种悲剧而悲天悯人，这种悲天悯人本身一定有什么意义吗？你们看不透呀，你们只知其一不知其二呀，你们是常常盯着旁人（的弱点）却看不到自身的愚蠢与失态啊，你们这些俗人俗悲俗论俗言才是更值得可悲的哟！

二　不道之道与不言之辩

仲尼之楚，楚王觴之。孙叔敖执爵而立。市南宜僚受酒而祭曰：『古之人乎！于此言已。』曰：『丘也闻不言之言矣，未之尝言，于此乎言之：市南宜僚弄丸而两家之难解，孙叔敖甘寝秉羽而郢人投兵，丘愿有喙三尺。』

彼之谓不道之道，此之谓不言之辩。故德总乎道之所一，而言休乎知之所不知，至矣。道之所一者，德不能同也。知之所不能知者，辩不能举也。名若儒墨而凶矣。故海不辞东流，大之至也。圣人并包天地，泽及天下，而不知其谁氏。是故生无爵，死无谥，实不聚，名不立，此之谓大人。狗不以善吠为良，人不以善言为贤，而况为大乎！夫为大不足以为大，而况为德乎！夫大莫若天地，然奚求焉而大备矣！知大备者，无求，无失，无弃，不以物易己也。反己而不穷，循古而不摩，大人之诚！

孔子来到楚国，楚王宴请孔子。孙叔敖拿着酒器站立一旁。市南宜僚把酒洒在地上祭祷，说：『古时候的人啊，在这种情况下就该发表讲话啦。』孔子说：『我知道了一些说法，却是难以用言谈来表述的，所以我也从来没有给谁讲述过。现在，我准备在这里说上一说。市南宜僚从容舒展地玩着弹丸，而纾解了两家的争夺大难；孙叔敖踏实休息

而使敌国不敢对楚国用兵，楚国也就得以停止征战。我孔丘多么希望有只长长的嘴巴来讲讲这些事啊！』

这两个人的例子，从他们那边说是无法说道（与推广）的大道（包括道理道路道行），从我这边说是无须言说的雄辩。所以说，德，即道的功能与作用，全部都是来自道性的，可以归结为纯一的，这样一种根本，只此一本，并无分支。而言说，只能停歇在才智所无法达到、无法知晓的地步，这也就算是到了家到了头啦！大道是混沌纯一的，而发挥大道的功能作用却各有不同——德是不能替代与包涵全部大道的。当你对于道的体悟已经到达了才智所不能通晓的地步，你的雄辩与说服力也就无法用言辞来表达了。名声显赫到儒家、墨家那样，弄不好会招来祸患。所以，大海从不怕不断地向东奔流，是由于它博大的容量（再怎么流也流不完流不尽）。而圣人包容天地，恩泽施及天下百姓，却完全用不着人们知道这位圣人的姓氏（他们的伟大远远超出了某一个具体人氏的姓名）。所以说，那些生前没有爵位，死后没有封号，实利或实力从不曾敛聚，名声也不曾大噪的（却能包容天下恩泽百姓的）人，才可以称做伟大的人物。狗不会因为善于汪汪叫便被认可是好狗，人不会因为善于辞令便被认可是贤能，更哪里谈得上是伟大啊！一心伟大的人未必能成就伟大，又何况是表露在外的修养德行的外观与表现呢！完备的伟大，谁也比不上天地；然而天地不曾追求过伟大，却已是完备的伟大哟！完备地伟大着的人，没有追求，没有失落，没有舍弃，不因外物而改变自己的本性。返归自己的本性就不会陷入困境，遵循亘古不变的规律就不会矫饰自己，这就够得上是伟大的人的真情实状！

两个故事，一个是市南宜僚的小杂技，说是他玩起弹丸来，八弹升空，一弹在手，临危不惧，不参加作乱，从而平息了一场未遂动乱——这还真成了『娱乐救国』了，即某些情况下娱乐雕虫小技比猛打猛冲煽情玩命好。（老王二十年前曾被莫名其妙地讥为『娱乐救国』，当时为东北一家报纸的周末副刊著文说：人应该有点节奏，周末休息休息，放松放松，人民幸甚，国家幸甚……）另一个是孙叔敖的羽毛扇，不声不响，不闻不问，是猫就避鼠，只在那里高枕无忧，扇扇羽毛扇，就能退兵息战。

这两个故事虽然托给仲尼名下讲述其不言之言，其实与众不同的却是老庄的思路与特殊情调：不战而胜，不争而得，不言而教，不为而为。这样的道，当然不可道；这样的言，当然无法言。在这里吃力地作其他解释，如说什么圣人不言而以百姓之言为言……疑非。

就此发挥下去，功能作用德行，来源于纯一之道。才智思维，到达于无所知之域。知道了无知，作用于同一，你的修养与知性才算到位。招数再多，不如以不变应万变，以大道理应万事万象。知识计谋再多不如承认与听任无穷无比的自然的自行运作，尽人事不如听天命，这是老庄的偏消极思想。老庄的思路是，只有消极够了份儿，才有积极的前提与本钱。狗而多吠，人而多言，效果是适得其反。越是伟大的人物，越是少说、不说，少做、不做，尽最大可能听其自然。

这样的思路的可疑之处就是，认定世上有一种万应灵丹，纯一之道，可以用来修身齐家治国平天下，可以用来从事工农兵学商教科文体卫，可以用来治疗内外耳鼻喉男妇各科疾病，它忽略了具体而微的知识与技巧，它通向玄学远远多于科学，它也忽视了实力的积蓄与资源的合理开发，它带有太多的一相情愿的性质。

三　听说有好事就哭了

子綦有八子，陈诸前，召九方歅曰：『为我相吾子，孰为祥？』九方歅曰：『梱也为祥。』子綦瞿然喜曰：『奚若？』曰：『梱也将与国君同食以终其身。』子綦索然出涕曰：『吾子何为以至于是极也？』九方歅曰：『夫与国君同食，泽及三族，而况父母乎！今夫子闻之而泣，是御福也。子则祥矣，父则不祥。』子綦曰：『汝何足以识之，而梱祥邪？尽于酒肉，入于鼻口矣，而何足以知其所自来！吾未尝为牧而牂生于奥，未尝好田而鹑生于宎，若勿怪，何邪？吾所与吾子游者，游于天地，吾与之邀乐于天，吾与之邀食于地。吾不与之为事，不与之为谋，不与之为怪。吾与之乘天地之诚而不以物与之相撄，吾与之一委蛇而不与之为事所宜。今也然有世俗之偿焉？凡有怪征者必有怪行。殆乎！非我与吾子之罪，几天与之也！吾是以泣也。』无几何而使梱之于燕，盗得之于道，全而鬻之则难，不若刖之则易。于是乎刖而鬻之于齐，适当渠公之街，然身食肉而终。

子綦有八个儿子，叫他们排列在自己面前，请了九方歅来：『给我的八个儿子看看相吧，谁的命最好？』九方歅说：『梱最有好命。』子綦又惊又喜地问：『怎么个好法呢？』九方歅回答：『梱将会终生跟国君一道吃喝。』子綦一听，变颜变色，泪流满面地说：『我的儿子怎么会是达到这样一个地步！』九方歅说：『跟国君一起吃喝，恩泽可以使三族受惠，远远不仅仅是父母呢！如今先生听了这件事就哭将起来，这是拒绝将降临于他的福分呀！看来，你的儿子虽然命好，你这个做父亲的却是无福可享了。』

子綦说：『你怎么能够判定这一定是好事好命呢？吃多少酒肉，也不过是口鼻肚腹的满足，又哪里知道这些东西是怎么个来历？好比我没有养羊而羊出现在我住室的西南角，不喜爱打猎而鹌鹑却挂在我屋子的东南角，对此不感到怪异，又怎么可能呢？我和我的儿子所游走的地方，只在于天地之间。我跟他一道从顺着天意寻乐，我跟他一道在大地上觅食。我不跟他共求事业，不跟他制定谋略，不跟他标新立异。我只和他一道像天地一样真诚实在，而不因外物的影响去与任何方面捣乱；我和他经常委顺，听任自然，却不跟着任何外界事端走。如今我怎么会得到世俗的报应呢？大凡有了怪异的征兆，必定会有怪异的事情，实在是危险啊！如果说这不是我和我儿子的罪过，大概是上天降下来的灾难啦！我因此流泪了。』

没过多久，梱被派遣到燕国去，半道上受到强盗的劫持。强盗想要囫囵着将他卖掉，又担心他会跑掉，心想：不如切断他的脚，那样会好卖一些。于是截断他的脚，把他卖到齐国，由齐国的富人渠公买了去给自己看门。梱仍能够一辈子吃肉而终了一生。

这是一个带血腥味道的寓言，可见其时世道之凶险，百姓最起码的生命安全得不到保障。如今国人有句俚语叫『少想好事』，好事不会无端而来，无端而来的好事不会是好事；而坏事常常想来就来，不想来照样来，全然不那么『讲理』，呜呼，奈何？

啮缺遇许由曰：『子将奚之？』曰：『将逃尧。』曰：『奚谓邪？』曰：『夫尧畜畜然仁，吾恐其为天下笑。后世其人与人相食与！夫民不难聚也，爱之则亲，利之则至，誉之则劝，致其所恶则散。爱利出乎仁义，捐仁义者寡，利仁义者众。夫仁义之行，唯且无诚，且假乎禽贪者器。是以一人之断制利天下，譬之犹一覕也。夫尧知贤人之利天

下也，而不知其贼天下也。夫唯外乎贤者知之矣！』

啮缺遇见许由，问：『你准备去哪里呢？』许由回答：『打算从尧这边逃离开去。』啮缺说：『你这样说是什么意思呢？』许由说：『尧，吭哧吭哧地推行仁的理念，我估计他会一无所成而受到天下人的耻笑，发展下去，说不定后代会是人吃人的局面呢！百姓，并不难以聚拢，给他们示爱他们就会亲近你，给他们好处他们就会到你这边来，给他们鼓励他们就会勤勉干活并且听你的调遣，做他们所厌恶的事他们就会离开你。认为自己会得到爱护和利益，这是出自仁义的宣示，因此为仁义而准备贡献牺牲的人少，利用仁义希望能够获利的人却很多。仁义的招牌与践行，只恐怕会降低诚信度，而且还会被禽兽一般下作的人借用为谋私利的工具。以为一强调仁就可以万事大吉，这就是以一个人的裁决来治国，打个比方说，就好像是短暂的一瞥，根本没有看全看远。唐尧知道贤人能给天下人带来好处，却不知道他们会给天下人带来的混乱与麻烦，而只有不那么看重什么贤人不贤人的人才能明白这个理。』

这又是《庄子》的毒眼、慧眼与惊世之论。仁是好听的理念，一说，老百姓都接受，它带来的是爱护、情义、对百姓利益的充分照顾，哪个老百姓不爱听呢？比如说，人民最伟大，人民最可爱，人民最可怜。好话一说，利益一闪，他们就拥过来了。那又有什么不好呢？

可惜的是，人的某些方面如同动物，如同禽兽，他们有自私与贪婪的一面。他们讲仁义，但是不准备为仁义而牺牲贡献，却要享受仁义的利益果实。还有一些百姓，他们听了贤人讲仁义，唐尧行仁政，便屁颠屁颠地跟随上来了，他们同样也是只希望从仁政中获利获誉获得关爱和幸福却未必准备为仁政做些什么。这样，仁政便变成了自天而降的大馅饼，成了类似极乐与天堂的许诺，人人望而盼之、分而享之，可能吗？反过来，当仁政之说令人失望、疑似虚伪、理念与实际完全脱节之后，能够不出现乱局吗？

《庄子》的人相食的预言更是触目惊心。很简单，当你的仁政学说不灵了的时候，当百姓们发现天上硬是掉不下来大馅饼的时候，挑战者、反叛者、反对派、造反有理者就出现了，他可以痛心地揭露你的仁政是假的，是欺骗，于是仁的理念变成了批判讲仁倡仁的当权者的利器，以仁起家者终将灭于仁的旗号之下。古今中外，这样的事难道还少吗？

又是一例，老子有一大发明，叫『天下皆知美之为美，斯恶已』。就是说，皆知仁之为仁，不仁之事从此多矣。

『捐仁义者寡，利仁义者众』，一般释为忘了仁义的人少，利用仁义的人多。联系前后文看，觉得未释到痒处。我乃释为：为仁义而捐者寡，以仁义而求利者众。这是老王的一个小小说法，识者教之。

有暖姝者，有濡需者，有卷娄者。所谓暖姝者，学一先生之言，则暖暖姝姝而私自说也，自以为足矣，而未知未始有物也，是以谓暖姝者也。濡需者，豕虱是也，择疏鬣长毛自以为广宫大囿。奎蹄曲隈，乳间股脚，自以为安室利处，不知屠者之一旦鼓臂布草操烟火，而己与豕俱焦也。此以域进，此以域退，此其所谓濡需者也。卷娄者，舜也。羊肉不慕蚁，蚁慕羊肉，羊肉膻也。舜有膻行，百姓悦之，故三徙成都，至邓之虚而十有万家。尧闻舜之贤，举之童土之地，曰冀得其来之泽。舜举乎童土之地，年齿长矣，聪明衰矣，而不得休归，所谓卷娄者也。是以神人恶众至，众至则不比，不比则不利也。故无所甚亲，无所甚疏，抱德炀和以顺天下，此谓真人。于蚁弃知，于鱼得计，于羊弃意。以目视目，

以耳听耳，以心复心。若然者，其平也绳，其变也循。古之真人，以天待之，不以人入天。古之真人，得之也生，失之也死；得之也死，失之也生。药也，其实堇也，桔梗也，鸡廱也，豕零也，是时为帝者也，何可胜言！

有自鸣得意的人，有苟且凑合的人，有弯腰驼背、辛辛苦苦的人。

所谓自鸣得意的人，听到了一家之言，就沾沾自喜、暗自得意、自满自足，却不知道他其实并未有丝毫所得。所谓苟且凑合的人，就像猪身上的虱子，找到个鬃毛稀疏的地方存身，自以为是找到了阔大的宫殿与园圃；它们来到了腿脚蹄膀间折弯关节的部位，还有乳房和腿脚间的夹缝，就认为是找到了安居乐业之地，却不知屠夫一旦伸出双臂放好柴草生起火，它就会随着猪肉一块儿烧焦。这可以说是随环境而苟且凑合，又因为环境的变化而毁灭完蛋，而这也就是所说的苟且偷生者。而所谓弯腰驼背、辛辛苦苦的人，就是舜那样的人。羊肉并不喜爱蚂蚁，蚂蚁却十分喜爱羊肉，因为羊肉有膻腥味。舜则是靠他的行为有膻腥气，百姓都十分喜欢他。所以他三次搬迁居处，招引人众，都成就了新的城镇。舜去邓的废址，就招来了十万户人。尧得知了舜的贤能，从荒芜的土地上提拔了他，说是希望有更多的人受到他的好处。舜从荒芜的土地上被提拔出来，年岁渐老，听力视力都衰退了，可是仍然不能退下来休息，这就是所说的弯腰驼背、辛辛苦苦的人。

所以说，神人并不喜欢受到众人的跟随与欢呼，跟随的人太多了就不会照顾得那样周到，照顾不周也就不会有利于众人的相处。因此，最好是没有什么特别需要亲密的，也没有什么特别与之疏远的，一个人能保持德行，温和地顺应天下，这就是真人了。做到了这一点，蚂蚁不必再按照自己的智能去寻找羊肉，鱼儿能够得其所哉，羊肉也丢掉了自身招引依附的意思。大家用眼睛来看视眼睛所能看到的东西，而不是看视自己看不到的东西；用耳朵来听取耳朵所能听到的声音，而不是努力去听自己听不到的一切；用心思来恢复自身可能已经随外物而泛漫的心思，而不是使自己的心思更加泛漫下去。像这样的人，他们内心的平稳就像用墨线度量校正过一样，而他们有什么变化也总是合乎先后的顺序。古时候的真人，用顺应自然的态度来对待人事，不会因人事去搅和自然。古时候的真人，得到生命也就是生活了，失去生命也就是死亡了；而从另一方面来说，失去生命也就是得到死亡了，也就死灭了，失去死亡也就是得到生命了，也就生活了。这个道理与用药物是一个理，乌头也好，桔梗也好，芡草也好，猪苓也好，这几种药更换着作为主药，就像生啊死啊更换着作为主导一样，谁能说得全到底是怎么一回事呢？

把行仁义之秀的人说成是身上带着吸引人（蚁）气的膻味，太妙了，亏他想得出！今人则说这种人太酸，令人倒牙。一个人不必太引人注目，更不必引人依附、引人跟随，除非你是野心家是装模作样、自欺欺人者。人应该本色一些，表现得尽可能平淡一些，既无须特立独行、惊世骇俗，也无须膻气迷人、招揽众蚁。这是一个颇有价值的思路。以《三国演义》为例，做一个像曹操那样阴狠多疑、手段多多、宁负天下人而不肯让一人负己，固然不好；像刘备那样嘀嘀咕咕把仁义挂在嘴上，其实并不拒绝任何对自己的霸业有利却是有失德行的举措，也着实讨厌。

几种不会生不明死的人、自鸣得意者、苟且凑合者、弯腰驼背辛辛苦苦者的众生相描写极生动。其机关是，自鸣得意者与苟且凑合者的不足为训，人们歧义不大，而辛辛苦苦者一般人会认为他们伟大、成功、荣耀，像虞舜那样，谁能相比？《庄子》的手段是把虞舜与猪虱子与浅尝辄止的小人物绑在一块儿批，以求解构，用心亦良苦也。

不要招引太多人，不要炒作自己，不要推销自身，金玉良言，实堪记取！眼能视，耳能听，心能收，就行了，难道你还要追求眼睛说话、耳朵敛聚（财富或者情报）、鼻子决策，而心能杀敌于千里之外吗？

世上本没有绝对的得与失。任何得，从另一个角度看来其实是失；任何一种失，换一个角度看其实是获得。甚至生死也是如此：失去了死，如大病痊愈，当然是快乐地得到了再多生活一段时间的机会；失去了生，得到的死，也可能是伟大的死亡，是辉煌的盖棺论定，是生命的另一种形式的延续与总括。

四　河流为什么不怕风吹日晒

句践也以甲楯三千栖于会稽，唯种也能知亡之所以存，唯种也不知其身之所以愁。故曰：鸱目有所适，鹤胫有所节，解之也悲。故曰：风之过，河也有损焉；日之过，河也有损焉；请只风与日相与守河，而河以为未始其撄也，恃源而往者也。故水之守土也审，影之守人也审，物之守物也审。

勾践靠着三千士兵困守在会稽城，只有文种能够预见越国能转危为安，度过危亡而继续存留下去，但也只有文种并不知道复国后他本人将要陷入危殆。这就像猫头鹰的眼睛，只在夜晚才看得显明，白天的景象它却无所知。而仙鹤的双腿虽然修长，也有自己的不便；截断了腿，它就会陷入悲惨的境地。所以说：风儿吹过了河面，河水就会有所减少；太阳照耀河流，河水也会有所损失。假如风、太阳总是与河流互相厮守，河水却并未受到影响，那是另外靠河水源头小溪的不断汇聚才抵消了河水损失的缘故。所以说，水会小心翼翼地保存泥土，影子会小心翼翼地跟随人体，一件事物会小心翼翼地保护着另一件事物。

文种能够预见越国的复兴，却不能预见本人的厄运。鸱鸟能够视黑夜如白昼，却在白日变成了睁眼瞎。白鹤傲然举步，却不知道它的长腿正使它容易受到攻击。这仍然是讲得失的不易分清，各有限度。见多不怪，风与太阳都消耗着水流，但是水流无减，因为它有源头的不断补充。切不可吹嘘河水是取之不尽，用之不竭的。文种、鸱鸟、白鹤，都不要对自身估计过高，都要寻找师法源头——大道。

万物各有其道，各有其理，各有其源，各有其终，各有其益，各有其损，各有其长，各有其短，各有其能，各有其不能。而人们常常做的蠢事便是逆其道，悖其理，毁其源，堵其终，损其益，益其损，截其长，续其短，用其求其所不能，废其灭其所能。人啊人，你们为什么是这样别扭呢？

有长就有其短，有强必有其弱，顾此必然失彼，求胜常常反败，得陇苦苦望蜀，座上客转眼便成阶下囚，明察秋毫的另一面是不见舆薪，物壮则老，月盈则亏，水满自溢，苦尽才能甘来……这样的例子举不胜举，而人们自取灭亡的蠢劲儿照旧。损害你的力量从未停止，你怎么能忘记汲汲于那源头的活水呢？

故目之于明也殆，耳之于聪也殆，心之于殉也殆，凡能其于府也殆，殆之成也不给改。祸之长也兹萃，其反也缘功，其果也待久。而人以为己宝，不亦悲乎！故有亡国戮民无已，不知问是也。

所以说，眼睛是善于看的，而恰恰是在观看上的明察秋毫会带来危害。耳朵是善于听的，而恰恰是在听闻上的耳听六路上会带来混乱。心是用来思想的，而恰恰是在追逐外物的心骛八极上会出毛病。你有什么功能、特长、长项，你的最最擅长的地方也就是你跌跤的地方。（或释为：目求明、耳求聪、心求殉，会使自己陷入危殆。）才能在内心

深处积存，就会成为危险品，危险一旦形成也就来不及补救改变了。灾祸滋生并积累增多，想返归本性自是非常吃力，要想收到成果需要假以时日。可是人们却把自己的耳聪目明心殉与才能视如自己的宝贝，不可悲吗？因此国家败亡、人民受戮的事情从没有中断，而君王大臣们却又不知道想一想改变此种情况的思路。

读来似是危言耸听，又是事出有因；似是凭空立论，又是抓住了根本。东周时期，庄周等感觉特别痛切：心计越来越细，谋略越来越精，野心越来越牛，代价越来越海；英才越来越多，百姓越来越苦，争鸣越来越响，日子越来越没有出路了。于是老子也好，庄子也好，意图是力挽狂澜，号召是返璞归真，恨的是聪明心智，爱的是愚诚质朴，厌的是功名利禄，盼的是逍遥全生，是悲泣之言，是惨烈之文，是幻想之语，是终无大用之号叫长叹。几千年过去了，历史向前发展了，麻烦、苦恼、挑战却更多了。

才能贮存多了变成大大的危险，这个说法幽默——却原来，耳聪目明等得到的信息与才能，积蓄多了就变成了定时炸弹！不能说全无道理，能量的蓄积是有危险的，例如地壳运动的潜能存贮多了会造成地震；却也令人叹息，还是应了那句诗：『惟愿生儿愚且鲁，无灾无难到公卿！』

我们的文化传统中有此一面：警惕耳聪目明，但愿难得糊涂；害怕好运良机，只求将就凑合；不求优胜先进，但愿随波逐流；躲避智慧理念，只求无祸少灾。我们常常是以退为进，以防为攻，以避为上，以愚为智，以弱为强，以后为先。我们最怕的是做出头鸟，是木秀于林，是才能出众，是成绩斐然。这样的思路中有辩证法也有窝囊废，有不得已也有假招子，有自我保护也有谋略做局，有增强我们的自卫能力、应变能力、适应能力的因素，但也有窒息创造、妨碍光明正大的竞争、阻挠学术文明进步的因素。这值得我们有所认识，有所反省，有所转变。

五　从不知中得到知，原因是从不知中坚定了信仰

故足之于地也践，虽践，恃其所不蹍而后善博也；人之于知也少，虽少，恃其所不知而后知天之所谓也。知大一，知大阴，知大目，知大均，知大方，知大信，知大定，至矣！大一通之，大阴解之，大目视之，大均缘之，大方体之，大信稽之，大定持之。尽有天，循有照，冥有枢，始有彼。

则其解之也似不解之者，其知之也似不知之也，不知而后知之。其问之也，不可以有崖，而不可以无崖。颉滑有实，古今不代，而不可以亏，则可不谓有大扬搉乎！阖不亦问是已，奚惑然为！以不惑解惑，复于不惑，是尚大不惑。

所以说，脚踩到的地面本来很小，虽然很小，却要仰赖所不曾踩到的大得多的地面而后才可以走到更多的地方；人对于各种事物的了解本来很少，虽然很少，却要仰仗着对于所不知道的一切的大概把握而后才能够去探求天道的意向与表达。当你知晓了『伟大的混一』，知道了『伟大的母体』（虚静、本原、子宫、胚胎），知道了『伟大的观看』（天眼），知道了『伟大的平衡』（衡量），知道了『伟大的方位』（空间），知道了『伟大的信实』（实在性与可靠性），知道了『伟大的稳定』（永恒性与确定性），这样也就到了顶啦！有了『伟大的混一』就无不贯通，有了『伟大的母体』就理解了一切，有了『伟大的天眼』就察知了一切，有了『伟大的平衡』就能调理一切，有了『伟大的方位』就能包容所有，有了『伟大的信实』就能核对一切，有了『伟大的稳定』就能守持万物、保有一切。获得了上述这些体悟也就达到了天道，遵循顺应了伟大的一切也就得到了回应，得到了照明，进入晦暗的玄奥之中，仍然有自身的枢

纽与机制，而在开端之中也就有了后续，或者还有更久远的开端。

那么，一切的理解好像是没有怎么理解似的，一切的知晓好像是没有怎么知晓似的，正是在这『不知』之后方才会有所知。深入追问探求起来，本不可能有什么边际，然而又不可能完全没有边际。万物纷扰杂乱变易却有它的实在性，古今无端却不能相互替换，万物纷杂却哪个都不能缺少损坏，这能不说是一切的一切都有一个纲要与概略的吗！（这难道不是说明大千世界是有自己的章法、自己的主心骨吗？）何不再深入一步探求下去以至于大道呢？又有什么可迷惑的呢？用你的不迷惑去解释你的迷惑，再复归你的并不迷惑的状态，这样就能达到大不迷惑的境界了。

这一段在《庄子》当中非同寻常。本来庄子讲什么都是极其灵活，若隐若现，若此若彼，若有若无，强调其相对性的。可以推测，有庄子的门徒或者听众向庄子提出，越学庄越感到困惑与空虚了。庄子乃解释说：走路踩踏的地面虽然只需要很小的地方，哪怕你的鞋子是四十七码，你仍然需要更大的踩踏不着的地面，才能走得稳。有了无用的地面，才能用有用的地面，无用其实是有用的支撑。同样，你掌握了的、可以运用的知识其实十分有限，但是依靠更大的对于无知领域的估量与感觉，你才不会在世界上感到一无所知、一无所能。就是说，有了无知的领域，才能把握与运用已知的领域为人类为自身做事。无知，是有知、用知和求知的支撑。

什么叫把有用与无用、有知与无知把握起来呢？这就是『大一』，伟大的一。为什么伟大呢？其伟大就在于它涵盖了全世界，包括天与地、物与我、生与死、知与无知、万象与万有，这样的大千之中有着同一的混一的法则，同一的混一的大道，同一的混一的本质与本原。知道了这个一，就是知道了一切，何困惑不安疑虑之有？『大阴』，就是

《老子》所讲的『谷神不死，是谓玄牝』，就是万物的所自、世界万物万象的子宫，就是虚静的本始。生生不已，大德曰生，出自玄牝，有了玄牝出就有了源头，有了无尽的生命与非生命。『大目』，可以解释为天道之目、上帝之目、法眼（天网恢恢），也可以解释为万物皆有目，万物皆可被目所感知、所观察、所把握，即万物都有自己的色泽与形体，即最大的无所不包的物质性。『大均』是『其犹张弓欤？高者抑之，下者举之，有余者损之』，是道法自然的调剂与平衡。『大方』是空间与方位的无穷，既是无穷的又是肯定的确切的。所以还有『大信』与『大定』。『大信』与『大定』是从相对中找到了绝对的因素，从变动不羁中找到了法则、时间、空间（位置）、质地的确定性和明晰性。『大一』是道性、无穷性与抽象性；『大阴』是产生性、繁殖性、虚静性；『大目』是物质性、具象性、可视性；『大均』是平衡性与自我调整能力；『大方』是空间的包容性与立体性；『大信』是可靠性、真实性；『大定』是稳定性，是不断变易中的不变性、恒常性。这样的世界，这样的大道，你又有什么可不安与困惑的呢？

『尽有天，循有照，冥有枢，始有彼』，这概括得精当巧妙。你穷尽了你的认识（眼界、活动与感知领域），被穷尽的领域之外仍然是天，是自然，是空间，是大道的无穷无尽。而一切的次序、规律、法则，都是有征兆、有照应、有案可查的。冥冥中、幽暗中、深藏中有枢纽，有中枢，有运转的机制，有驱动的核心。而一旦万物万象的运动开始了，物质是不灭的，能量是不灭的，运动是无尽的。这里说的是什么呢？我愿意命名为对于世界与人生的信任感，而不是只有模糊感、未知感、不确定感。

这一类的根本性玄妙性问题，解之似不解，越解析解读越是说不清楚。知之似不知，越去积累知识与智能，越是

像无法去求知认知得知。在这种迷糊之中，没有把握之中，半信半疑之中，你才获得了对于世界与人生的真知，你才安稳下了你的心。这是不解中的解，不知中的知，不放心中的放心，这是对于大道的靠拢与切近的体悟。

这样，就来到学问切磋的边际了：学问有没有底线？有没有禁区？有没有边界？如果说有，学问就不能建立与发展；如果说没有，学问就变成了汪洋大海，只会把求学问者吞没。我们具体地听取的授课、阅读的书籍、研讨的科目、论述的话题、写作的论文，都必须是明确的、有局限与界限的、对象清晰的。否则，无法求学也无法论学。同时，学问的整体是无穷的，是不可以画地为牢的，是永远要保持『欲穷千里目，更上一层楼』的状态的。所以说大千世界，纷纭繁复，却又各自有其实存性，有其时间与空间的规定性。屈原是纪元前三〇〇年左右的人士，是湖北秭归人士，不能把他说成是二十一世纪的加利福尼亚州人。获得二〇一〇年足球世界杯冠军的是西班牙队，不能说成是大宋开封的高俅。这些规定性是不能亏欠、不能打折扣、不能缺斤少两的。这些讲得都极好，世界是奥秘的又是明确的，是无穷的又是具体的，是运动中的又是不变的，是永远没有绝对把握的又是清楚的，昭昭日月，朗朗乾坤，哲学的伟大并不会压迫我们凡庸之人，而是帮助我们更加踏实和明白地生活在这个世界上。

老王说：反复阅读体悟，我认为这一段最具有神学意味。大一、大阴、大目、大均、大方、大信、大定，这七个大，就是大道，就是终极，相当于庄学的上帝。什么是大？天大，地大，至大，无穷大。一，就是统一性涵盖性无所不包性，一切的一（语出郭沫若的诗《凤凰涅槃》）。阴是本原性，是圣母。均是无私性均衡性，这其实仍然是统一的表现，不均衡就只能是四分五裂，而失去大一。目是可视性、可感知性，世界存在的一大特性是它是可以被感知的。你要感谢天眼，也就是感谢天给你的两只肉眼。方是无穷的空间感、空间的无穷感。信与定则既讲世界宇宙，也讲信仰的坚定与明确。在讲了无数遍恍惚、晦暝、茫然、不知、深潜、躲避之后，在这里，《庄子》多少透露了信仰主义的坚决与敬服。

而这一切又从脚踏地面甚小、扩展的地面则需甚大讲起，从小到大，从无到有，人其实大可不必自思自叹，大可不必悲观焦虑，七个大就在你的心中。

则阳：大妙中遨游，幽深里冲浪

杂篇杂篇，有点杂，有点参差婆娑，有点横生枝杈，说风就是雨……却也多了些俯拾即是、随机书写的自由，多了些要啥有啥、婀娜多姿的自然趣味与风姿。

有些话谈得很世事洞明、人情练达，例如说到夷节这样的关系学家，至今仍是似曾相识，万古如一。例如说到力不足则伪，知不足则欺，财不足则盗（百姓的力量用完了，只能作伪应付；智力达不到了，只能欺骗应付；财物完了，只能偷盗），马上让人想起所谓上有政策下有对策的古今中外无数事例。

但本节更多的地方则进入形而上的领域，讨论终极，拥抱无穷，掂量名实，推敲物我，出入有无，整合万象，尤其是无始无终无先无后无知无闻的论述，别开生面。这样的抽象与玄虚多了，有点累，有点空，有点被名词的大海冲卷淹没，但分析起来别有一番乐趣，如弄潮冲浪，如龙舟竞渡，如扬帆向前，游起来就时有新鲜感与不同的境界感。

不读《庄子》，到哪里去享受如此的矫健身手！

一 古代的公关活动分子形象

则阳游于楚，夷节言之于王，王未之见，夷节归。彭阳见王果曰：『夫子何不谭我于王？』王果曰：『我不若公阅休。』彭阳曰：『公阅休奚为者邪？』曰：『冬则擉鳖于江，夏则休乎山樊。有过而问者，曰：「此予宅也。」夫夷节已不能，而况我乎！吾又不若夷节。夫夷节之为人也，无德而有知，不自许，以之神其交，固颠冥乎富贵之地。非相助以德，相助消也。夫冻者假衣于春，暍者反冬乎冷风。夫楚王之为人也，形尊而严。其于罪也，无赦如虎。非夫佞人正德，其孰能桡焉！故圣人，其穷也，使家人忘其贫；其达也，使王公忘爵禄而化卑；其于物也，与之为娱矣；其于人也，乐物之通而保己焉。故或不言而饮人以和，与人并立而使人化，父子之宜。彼其乎归居，而一闲其所施。其于人心者，若是其远也。故曰「待公阅休」。』

彭则阳周游到楚国，夷节向楚王谈到则阳，楚王无意接见则阳，夷节只得回转去了。则阳见到王果，说：『先生怎么不在楚王面前提提我呢？』王果说：『我不如公阅休。』则阳问：『公阅休是干什么的？』王果说：『他冬天到江河里刺鳖，夏天在山脚下歇息。有人看到，问他在做什么，他说：「江中啊，山脚下啊，这就是我居住的宅子啊！」夷节都没有做到将你举荐给楚王，何况是我呢？我比夷节就又差一些了。夷节这个人，不那么讲究德行却颇有智巧，他自视并不太高，能做到广泛地跟人交游与结识，他活动在富贵尊荣的圈子里，很投入也很陶醉入迷。他做不到帮助他人增长积累德行，而说不定是使人更加只重事功而完全不重视德行，有损德行。正像受冻的人寄希望于温暖的冬衣，中暑的人盼望着风带来凉爽。（人的要求各不一样，老在那儿变化；夷节这个人却能够做到可暖可热，要什么有什么。）楚王的为人，形象尊贵，态度严厉；他疾恶如仇，对于有罪过的人，像老虎一样不给予一点宽容。如果不是巧言令色的人（如夷节）或者开阔达观的人（如公阅休），谁能够使他听得进去？所以，圣人他们的存在，使命运艰难的亲人忘却生活的艰窘，使身世显达的王公贵族忘记自身的地位级别而变得平易近人。他们对于外物，可以愉快地与之相处；他们对于其他人，能够打成一片却又能保持自我的个性；有时候虽然不说什么话也能带来一种和气融洽，跟旁人立在一块儿就能使人受到感化，使得父亲和儿子关系处得相宜，而圣人却完全是无所事事地待在自己家里。圣人对于一般人的心思，其影响是非常深远的。所以说，要使楚王听得进去还是等公阅休吧！』

三类人物，一类是威严并且不无凶恶的楚王，谁有过错他就跟老虎一样地对待。啥叫和老虎一样呢？吃人与吓人。威权背后肯定是暴力，这其实并不是新闻，但楚王从外表上就带出来了，还是外露了些。一类是夷节，不是帮助你积累德行，不是要你积德修好，而是帮助你解除思想负担，让你认识到你有权利做一切对自己有利的事。《三国演义》里的那些谋士，不论是诸葛亮还是荀彧、陈宫、贾诩，其特点都是比『主公』更不讲道德道义，原因是主子还要考虑一下公众形象，而谋士们只管利害。说到夷节能送寒送热，而且不把自己看得过高，这也说得活灵活现。

最伟大的理想形象是公阅休，公阅休的优秀事迹似显简单——江上戳鳖，山脚睡大觉，就是至人高人了？也许他是话说得好，江河山岭，吾宅也，以宇宙为宅，以太空为宅，更了不起了。

圣人出现，在那儿一待，自然天下平和和谐，关系融洽。这听着虽然玄，却又有一种登高望远、如沐春风、豁然开阔、

心平气和的人格魅力。应该说世上是有这样的高人的，你应该承认，至少是假定有这样的高人，这样你就有崇拜心、敬仰心、自我提升的意识，而永远不会消极颓废、破罐破摔。

正如世上也有另外的人，他或她只要一出现，不是挑拨是非就是散布坏话，不是制造嫌隙就是颠倒是非，不是进谗就是告密，例如《红楼梦》中的赵姨娘。我们能够厌恶赵姨娘式的人物，这不是证明我们心中有公阅休式的高尚尚存吗？

『乐物之通而保己』，了不得，这可是至圣之言。我们经常遇到的是：媚俗、迎合、世故、油滑，机会主义与实用主义，随波逐流，无原则亦无廉耻，只求实利，这是一种；第二种则是脱离实际、自我吹嘘、大言欺世、好勇斗狠、成事不足坏事有余之属。前一种是小人，后一种是炸弹。一个人能够密切联系群众，能够与民同乐、同甘苦同命运，又能保持自己的资质、底线、名节、特操，这样的人太少了。这样的人往往会受到两方面——低俗下作、蝇营狗苟方面与牛皮烘烘、兴风作浪方面——的夹击。《庄子》毕竟提出了这样一个目标：一曰通，与人众通，与世界通，与外务通；二曰保己，能保持住自己所珍重的一切——珍重自我而不恶性膨胀，珍重人际关系而有所不为，珍重价值理念而不扬铃打鼓，珍重纯洁的人性而又入情入理入世入群。

世上是有这样的人，有了这样的人，只要在那儿一站就起健康的作用，稳定的作用，和谐的作用与脱离盲目、狂躁、愤懑、焦虑的作用。低俗者与闹腾者的误解、攻击与嫉妒终将褪色，最后『通而保己』的人格将会显出自己的光辉。

而则阳那么急着求举荐，又是怎么回事呢？

二　不知不闻最好，更不用谁来命名

圣人达绸缪，周尽一体矣，而不知其然，性也。复命摇作而以天为师，人则从而命之也。忧乎知，而所行恒无几时，其有止也，若之何！生而美者，人与之鉴，不告则不知其美于人也。若知之，若不知之，若闻之，若不闻之，其可喜也终无已，人之好之亦无已，性也。圣人之爱人也，人与之名，不告则不知其爱人也。若知之，若不知之，若闻之，若不闻之，其爱人也终无已，人之安之亦无已，性也。

旧国旧都，望之畅然。虽使丘陵草木之缗，入之者十九，犹之畅然，况见见闻闻者也，以十仞之台县众间者也。

圣人通达于人世间诸困惑诸规则，能够把握万物通达一体的性质，却并不一定能知道自己是不是、为什么是这个样子的。他的所知所能是出于本性的体悟。（而不是出于特别的学问与认知，更不是刻意为之。）回复本性，有所运作与表现，处处以师法自然为原则，人们从而愿意跟随他信任他。如果不是这样，而是常常耽于智谋，把心思放在经营智巧上，他的谋划、行动、经营与忧愁就永无休止之日了，他本人也就永无宁日啦！

生来就漂亮的人，别人送给他一面镜子，如果不说给他听，他也不会知道自己比别人漂亮。他的状态是：好像知道，又好像不知道，好像听见了，又好像没有听见；反正他的受人喜欢的事实并不受他是不是自觉美好、有意美好的影响，人们对他的好感自然会长久保持，这就是出于人类的本性了。（这说明自知不自知并不重要。）圣人爱惜众人，于是众人给予了他相应的爱民的名声，如果人们不这样赞美，圣人他也不知道自己是爱人民的。好像知道，又好像不知道，好像听见了，又好像没有听见，他给予人们的爱并不受他是否自觉是否有意的影响，人们接受这样的圣人之爱也终会

保持下去，这正是出于自然本性的缘故。（你的优秀，你的善行，在不知不觉之中存在，这比你有意识地维护、讲求、树立自己的美好形象与优良纪录，更有说服力与影响力。）

故国故乡，人们一眼看过去就十分舒畅；即使丘陵土地被草木掩盖了十之八九，显得面目不清，看着它心里还是十分畅快。那么如果是充分显示、充分被感知的一切呢？就像是数丈高台高悬于众人的面前，那种激动的心情与明确的感受还有什么可疑问的呢？

这一段写得极妙。首先，知性、悟性、本性之间是什么关系？知识、智谋是不是与本性相悖谬？人为了做到淳朴，是不是必须保持混沌与愚昧？生而美，是不是就要拒绝被命名美好，也要拒绝自命美好？

按此段的说法，似乎《庄子》认定，要本性，要圣人的悟性，要天生的一切，那就千万不要知性。要本性，就不要知识也不要智谋。这个想法很深刻也很片面。完全摒弃了知性，本性会成为混沌的一团，会包含着黑暗与贪婪。例如食色性也，孔子也是承认的，完全没有文明知识、文明社会的教育与自我约束，听凭食欲性欲的驱使，恐怕不是好事，也行不通，它可能走向饕餮与色情狂。缺少整体的善良与自我把握的知性，会把人带到邪恶上去。没有起码的知性，则会产生另一种类型的邪恶；没有诡计多端的邪恶，仍然会有愚而诈的邪恶，粗鲁横蛮的邪恶。《红楼梦》中凤姐固然邪恶，薛蟠、赵姨娘也绝非善类。《水浒传》中高俅、王伦固不足取，李逵之类人物也并不可爱。

其次，这一段文字的含义与现代语言学上的一些说法契合。漂亮、圣贤，在某种意义上不但是事实，同时是，有时是、更加是语言的产物。一个美女，让人喜悦，然而这种喜悦，不论对于本人还是对于他人，都还是朦胧的，是若知若不知、若闻若不闻的。这种朦胧的美感是最质朴最靠得住的，美女永远会留下美好的印象与反应，不会突然休止下来，叫『终无已』。《庄子》赞许的就是这种尚未被语言人为地命名定性以前的原生状态、朦朦胧胧状态。一旦美女被命名为世界小姐、艺坛巨星、国际美丽大奖获得者，一旦某个比较爱护人民的君王大臣被命名为唐尧再世、虞舜重生、贤君圣王贤臣、万世楷模……就有了人为的、炒作的、名不可能绝对地符实的可能，乃至于会有吹嘘、造假、竞争、计谋、溢美，直到潜规则的因素混入其中。而且大部分并无足够的审美能力与鉴赏水准的愚众，不是因为自己的审美，而基于人云亦云的随大溜习惯才称赞其美丽。美与圣变成了炒作，变成了处心积虑，变成了忧心忡忡，变成了你争我夺，变成了世界杯赛事，黑哨、错判、赌球、伤害、红牌、黄牌……岂能无有？同样，这样的美与圣对于本人也完全可以成为灾难，让你忽冷忽热，忽喜忽忧，脱离凡众，不学无术，上不着天下不着地，一生闹剧，一事无成！

故国故乡也是这样。谁不说俺家乡好，到底怎么个好、哪里好，那是说不清楚的。如果正式将『家乡好』化为条例定义，一曰某山，二曰某水，三曰某城墙，四曰某庙，五曰某街……那还有什么好的呢？庙可以与庙比规模或者年头久远，山可以与山比高度，水可以与水比流量，那就有了规模、历史、高度、流量，唯独没有故乡的情愫了。

或谓，故国故乡比喻的是人的天性，天性被掩盖了十之八九了，仍然是可爱的，而当天性像十仞之楼那样在你的眼前矗立起来（王按，不像是说天性啊），你岂不更应该为之振奋吗？

还可以有另外的解释：中国人向来喜欢整体性模糊思维、感悟性、估量性，最多是联想性思维。这种思维与判断方式更像是男女相亲择偶的一见钟情或一见生厌，不需要条分缕析，不需要图表与计算。人的爱故乡也不会是条分缕

析的结论而是天性，是必然没商量，是哪儿都爱，被草木遮住了照样爱，能见度差了照样爱，全部亮相在眼前，晴空万里就更加可爱。

《庄子》的妙思：不要太成熟，不要太明确，不要用精确的语言加以界定，不要正式命名为仁义道德故乡家园……更不要召开爱家乡动员大会与举办爱家爱乡典礼或评奖。不要成为目标，不要人的用心判定，只要原始，只要混沌，只要大概，只要若有若无，糊里糊涂，永在心头，始终不渝，亦是一绝！

我们也不妨从对抗语言控制的角度来讨论这个问题。语言是人的工具，语言发展了思维心智，语言保存和传播了文明，没有语言几乎就没有人类的一切，但同时语言在对人实行着专政的控制。原因是：第一，语言是公共工具，它缺少个性特色，不同的情绪观感认知估量却被有限的词汇所统一。例如同是讲『好人』一词，后面可能有几十种几百种不同的理解、角度、体察、衡量、会心会意，你无法用『好人』一词表现出这些不同来。你说张三是好人，又说李四是好人，也许这两个人相差十万八千里，一个词『好人』，怎么可能让人不糊涂呢？第二，在某种意义上说，语言是已有的经验，是陈旧的，你的一切表达都会与某个古老的人物或故事撞车，或是受了某个旧词的驱动，就是说，常常不是你在使用语言，而是语言在使用你。第三，语言是一种暗示，它会使你无病呻吟，会使你东施效颦，会使你忘掉了自己的真情实感，而有意无意地去模仿他人。第四，语言是一种教义，它比你的感官、心态、情绪更绝对化。一名美女，本来形象蛮可爱，说成『美女』以后，反而绝对化了、抽象化了、无疵化了，它制造了许多麻烦——有人不服，有人嫉妒，有人吹毛求疵，有人检举她有过不雅言行。第五，语言与世界之间，既是对应的又不可能是绝对对应的。

当我们说老王的时候，只说出了老王的一般性，却未必说得明白老王的当下性。当你说道德的时候，你指的是一种理想、一种价值、一种善行，却永远不可能传达出道德理想后面的种种细腻的考量与不同的道德标准之间的分裂与矛盾。如此这般，《庄子》那么早就提出了若知若不知、若闻若不闻的理想境界，即『前语言』境界，太超前了，也太深刻了！

这个不待命名、不需要清楚的价值观念的说法，有一些难得糊涂的思想元素。原来，一个人知道什么是好就去做那个好、善、美，这是低级的好、善、美，是低境界的好、善、美，只有一个人把做好事做好人行善事现美德变成本性，变成不自觉，变成自然而然，无目的、无意识、无动机、无效果、无回报、无反响以后，世界才真的可爱起来，人也真的好善美起来。这个想法有点怪气，但多少有些道理。很简单，世界上有伪君子，有假美人，有沽名钓誉，有竞争与互相抹黑。互相抹黑的前提是有自我与相互贴金。如果人各为生，各行其道，各是其是，各非其非，没有衡量，没有比较，没有争执，没有贴金也没有抹黑，那岂不是进入了齐物的大好乌托邦！

这样想还有一个好处：在东周（春秋战国）这种乱世，群雄并起，百家争鸣，是一个浮躁、冒险、贪婪、投机、厮杀血战的世道，庄子能不遗余力地提倡一下非命名、非价值、非褒奖、非诰封、非称号、非宣扬、非炫耀的大道观与圣人观，至少是有此一说聊备一格，至少是有人声称不那么在乎虚有其表的富贵荣华圣贤师表之类，这其实是非常宝贵的，至今仍然是宝贵的。

老子与庄子，其实都反复地强调大道至简，大道是最简单的，人的生活与思虑也应该是最简单的。他们怀疑与警惕知识智能的繁复化、延伸化与巧伪化。他们呼吁着期望着人们回归到朴素醇正的原始状态、未开发状态、山泉水清

的状态，他们美化与神化婴儿的天真自然的状态，而痛斥日益繁复的说教、规范、计谋、学说、雄辩、礼节、体制直到『拉屎攥拳头——暗中使劲』的教育与修养。他们有一种相当执著也相当浪漫的婴儿乌托邦主义与原生乌托邦主义。『原生』是说，他们认为，万物在它们刚刚出现的时候都是处于或呈现为最佳状态的，一切坏事都是后天的人为的努力造成的。恶化定则，我早在谈庄的前两本书中已经提出了这个问题。

其实庄子也应该更开明一些。如果说大道至简，那么其中的含义应该包括把一切复杂、繁茂、变异、绚丽的色彩、翻新的花样、丰满的和弦、缤纷的场景『让』给了万物，至简的大道只有与千变万化、五光十色的万物配合起来才伟大，才过瘾，才升华而且令人信服。只强调了至简，而忽视了复杂与进化，这可能是我们的文化传统的一个弱点。如果大道也至简，万物也至简，天下只有至简，没有繁复，那还叫什么世界！那等于要求人子永远保持一枚受精卵的状态，对于研究发生学或哲学来说受精卵的意义极大，但我们还是生活在已经长成的活人当中。

是不是我们太喜欢简了？例如我们那么好的传统音乐，居然没有和弦的概念与实践，难道不值得反思一下吗？

冉相氏得其环中以随成，与物无终无始，无几无时。日与物化者，一不化者也。阖尝舍之！夫师天而不得师天，与物皆殉。其以为事也若之何！夫圣人未始有天，未始有人，未始有始，未始有物，与世偕行而不替，所行之备而不洫，其合之也若之何！汤得其司御门尹登恒为之傅之，从师而不囿，得其随成，为之司其名，之名赢法，得其两见。仲尼之尽虑，为之傅之。容成氏曰：『除日无岁，无内无外。』

冉相氏把握了道的核心枢纽，使自己处于道枢——大道的『圆心』，因而能任凭外物自然而然地发展与形成。他并不计划做什么事，所以跟外物打交道也就没有开始呀结束呀终始先后的区分（也用不着有个什么时间表）。一方面是天天随外物而变化，另一方面也可以说是（大道与世界的根本结构、根本规律）一点也没有改变。什么时候谁又能舍弃能改变大道的恒常性呢？越是吃力地去效法天，就越可能得不到效法天的效果，而变成与外物一道去追逐忙碌，这又怎么能够算是效法天呢？圣人心目中并不会专门用心于天，也不会专门用心于人，不会考虑有过或需要有什么开始，也并没有过对于外物的介意，没有这些区分和麻烦。圣人跟随世界一块儿发展变化而不会偏于某一方面，有所行动也是那么周到而不会有什么阻碍。他与外物的融合又是怎么样实现的呢？商汤获得他的司御门尹登恒做他的老师，他随从老师学习却不局限于所学，能够随事发挥、因势利导，并把名声归于他的老师。这样，他们的名声与事迹都为人所知，君臣师徒能各得其所、各安其分。仲尼最后除去了谋虑，做点事情也不过是对自然的辅助。容成氏说：『不介意时日就不会累积成年，忘掉了内里与自我也就能忘掉外界与周围的事物。』

庄子在《齐物论》中已经讲到了道枢、环中（圆心）的观念，表达了庄子的几何哲学与圆形崇拜。居于空间与时间的圆心，那么距离一切的点都是等距离的，都是『齐』的。无为，无什么事一定要做，无心，无什么东西要师法或者要拒绝，那么也就没有对于开始与结束的思忖，没有此前彼后的计较，没有什么沧桑感、飘移感、不定感，没有衰老之哀，没有逝者如斯夫之叹，没有光阴无情之悲，没有念天地之悠悠，独泪下之怆然。也没有此远彼近之困惑，没有归你归我的盘算，没有你先我后的地位差异。这是一种哲学，即玄学上的平等、平均观念，即大均观念、齐物观念，而有别于西方法学上人权上的平等学说。这个思路之高，高入云天。这个思路之根本性概括性也是无与伦比。能够处

于道之枢纽，环之中心，再无计较，再无忧愁，再无处心积虑，只能与天地同春，与日月同光，与大道同体了。

到了这一步，变就是不变；永远的变化，说明在变化这一点上是不变的。看不到变化，不能与时俱化，是傻子；看不到不变，永远处于变动不羁、追赶不及、顾此失彼、生生灭灭之中，是疯子。能变则活，能不变则从容平稳。

庄子是提倡师法天地、师法自然的，同样，这种师法也只能自然而然地无心进行，只能在忘天忘人的『吾丧我』的情况下进行。有心栽花花不开，无心插柳柳成荫，师天的前提是随性，一有成心有谋划，就不是天性，就可能成为作秀，就违背了天性，也就不得师天了。

这一段的意思与禅宗讲的破执相近。

『除日无岁，无内无外』的说法很深奥。如果你不算计每一天，也就不会介意每一年，你不介意每一年，也就不介意你的或他人的一生一世一世纪一万年。这里边既有对于为与不为的破除即超越，也有对于个体生命存殁的超越。人的最大的悲哀、最大的死结，就这样被化解了。世界永存，无终无始，无先无后，一亿年后与一亿年前，对于永恒来说，我们是存在在一个点，即道枢或环中之上。世界无端，世界无边，世界无穷，不管是在地球上的另一大洲或远在亿万光年外的另一个类银河系里，你都是圆心，你与任何一点的距离都不算远也都不算近。你出生了，这并不是你的起始，谁能说得清你出生以前你是以什么样的形式方式存在于世间的？万物都是时时变化的，同时万物都永远是万物，它们有自己的永恒性与不变性。你死亡了，也不等于绝对地消失，万物都有自己的嬗变与遗存，用现代物理学的观念叫做物质不灭，能量不灭，不增不减，永恒万世；你死了，仍然在这个世界上，在人们的记忆中，在这个世界上

或与这个世界相联结又相分离的另一种形式中。

『除日无年』，除去了对于昼夜的忧思，也就没有对于岁月的伤感。除去了争一日之短长的较劲，也就没有后患隐忧，当然也没有挂牵和恋栈，没有期盼与失望，没有焦躁与丧气。除去了对于一时的荣华富贵的贪欲，也就没有了失去这一切的悲凉虚无。除去了对于终将到来的大限的恐惧，也就没有了对于时间的悲观与叹息。没有内外之分际，也没有你我之争夺。齐物齐物，说起来很抽象，其实细想起来很具体也很有趣。从人我的角度来说，个体只承认自己是内，连配偶情人也是外，于是婚姻官司可以打出仇人的不共戴天来。从家庭家族来说，内外既是清晰的又是交叉的。比如说堂叔和堂侄，是一个家族的又不是一个家庭的。如此这般，往大了说，目力所见，再加上不断延伸着视力的望远镜、天文望远镜，凡是看得到的都是内，看不到的才是外。加上遥感技术，能遥遥地感知的都是内，遥遥也无法感知的才是外。从精神能力来说，能想象的、能分析的、能猜测的、能构建假说的都是智力之内、想象力之内、思辨能力之内。这个内已经不得了啦，何况还要除去内忘记内呢！

而庄子的特点是以退为进，以无为有，以忘却为最好的记忆（鲁迅的名题：『为了忘却的记念』）。根本不考虑内不内的了，那么也就根本无外可言。没有内外之别了，也就没有了远近亲疏之计较了，哥儿几个还有什么可斗的呢？你活着，世界既是在你的感知之内，也是在你的感知之外。有内有外，难分内外。你死了，世界仍然在你的记忆和感受之内与之外，你永远与世界同在，与天同在，与大道同在，你与世界互为内外。内就是外，外就是内，何内外之别焉？人生不满百，人生亿万春，不怀千古忧，不为一时欣，不分内和外，不分疏与亲，道枢无差异，点点皆圆心，庄周有

妙悟，其思无与伦！

当然，你也可以驳斥《庄子》，从世界无穷大道的无尽来说，你可以承认一切始终内外的分别并无意义，然而从人具体的一生来说，一切的秒、分、时、日、月、年的差别，一切的远、近、外、内的差别，是千真万确、生动深挚、刻骨铭心、永无释怀的。没有了差别，没有了喜怒哀乐，没有了泪眼婆娑与笑容满面，没有了诞生与告别，没有了亲疏远近、爱恨情仇，还哪里有生活有生命的体验？哪里还有诗与歌、小说与戏剧、快乐与烦恼？

看来我们只能从两方面说，一个是从生活的物质的，特别是时间与空间的具体性感情性确定性上看，差别就是一切，差别便利我们咀嚼与刻画、回忆与讲述，叫做长歌当哭，瞬间方是永恒；没有了一个个的瞬间，永恒又能跑到哪里去？另一方面从整个世界与其本质本原大道上看，我们强调的是其伟大与无穷、混一与无差别。

没有分明与具体的感受，不是人生，不能成为文学与艺术，也不能成为科学与理论；同时，没有对于世界的伟大无穷混一无差别的感受，你最多是一个二流的言情小说家或工匠之类，你永远没有那个气魄，没有那个高度，没有那个超越。你不是至人真人，也不是思想家哲学家诗人。即使是不无煽情的批判现实主义大家，在他们赚够你的泪水的同时，仍然有一种宁静，有一种和解，有一种空旷……谁知道呢？悲极则喜，泪尽无忧，待到一片白茫茫大地真干净的时刻，你会体会到永恒，你会体会到欢喜，你会体会到『除日无年』与无内无外的大境界！

说是文学需要分明与具体，这是一般的说。宋代李膺名诗《隐逸》曰：『偶来松树下，高枕石头眠。山中无历日，寒尽不知年。』这则将《庄子》式的无年（『不知年』）与一种隐逸的生活方式联系在一起，成为独具中国情调的诗句。

呜呼，人啊，你留恋人生的喜怒哀乐，你又神往于不知年、忘年、无年无日的境界！

三　还是要大而化之

魏莹与田侯牟约，田侯牟背之，魏莹怒，将使人刺之。犀首公孙衍闻而耻之，曰：『君为万乘之君也，而以匹夫从仇。衍请受甲二十万，为君攻之，虏其人民，系其牛马，使其君内热发于背，然后拔其国。忌也出走，然后抶其背，折其脊。』季子闻而耻之，曰：『筑十仞之城，城者既十仞矣，则又坏之，此胥靡之所苦也。今兵不起七年矣，此王之基也。衍，乱人，不可听也。』华子闻而丑之，曰：『善言伐齐者，乱人也；善言勿伐者，亦乱人也；谓「伐之与不伐乱人也」者，又乱人也。』君曰：『然则若何？』曰：『君求其道而已矣！』

魏惠王与齐威王订约结盟，而齐威王违背了盟约。魏王大怒，打算派人去刺杀齐威王。将军公孙衍知道后认为丢人，说：『您是大国的国君，却用匹夫小民的手段去寻仇！我请求带领二十万大军，为君王攻下齐国俘获齐国的民人，牵走他们的牛马牲畜，让齐国的国君急火攻心，让他热毒发作于后背。然后我还要占领齐国的领土，让齐国的大将田忌望风逃跑，而我要追上他用鞭子抽打他的脊背，打断他的脊梁骨！』

季子知道后又认为公孙衍的说法可耻，他说：『建筑七八丈高的城墙，已经垒起七八丈高了，接着却把它毁掉，这是干活服役的人所认为最痛苦的事。如今不打仗已经七年了，这是你王业的基础。公孙衍要去打仗，实在是个制造乱局的人，请不要听从他的主意。』

华子知道后又看不起公孙衍和季子的说法，说：『花言巧语地主张讨伐齐国的人，是制造混乱的人；花言巧语地

劝说不要讨伐齐国的人，也是制造混乱的人；像我这样，指责一定要讨伐齐国或是一定不要讨伐齐国，都是制造混乱的，我本身也是制造混乱的人。』魏王说：『既然如此，那么我该怎么办呢？』华子说：『你还是求助于大道吧！』

华子为灭他人先贬自己，这倒也是一种论辩的特殊策略，是以退为进，以守为攻，以自我批判达到批评攻击他人的目的。不知道这种伎俩是不是也是中土特产。他为自己预设了两个『我』。一个是正在巧辩的，从而是只能制造混乱的我。巧辩则只能制造乱子，这种理论由来已久，实有道理。应该说我国是有不争论的传统文化根基的，远在列宁提出不可以把党变成资产阶级的辩论俱乐部与邓小平提出『不搞争论，是我的一个发明』之前。

两个侯国结盟，一方背约，这本来是外交问题，严重化后可以变成军事问题，华子的最后结论却是庄周的一贯手法，将之转变成形而上的哲学修养、大道研修、人格境界问题了。外交、军事冲突或潜冲突，靠哲学、世界观、修身来解决？几近荒唐，至少是勉强得很了。

但是不俗，别有洞天，像一道强光射向厮杀的昏天黑地。

惠子闻之，而见戴晋人。戴晋人曰：『有所谓蜗者，君知之乎？』曰：『然。』『有国于蜗之左角者曰触氏，有国于蜗之右角者曰蛮氏，时相与争地而战，伏尸数万，逐北旬有五日而后反。』君曰：『噫！其虚言与？』曰：『臣请为君实之。君以意在四方上下有穷乎？』君曰：『无穷。』曰：『知游心于无穷，而反在通达之国，若存若亡乎？』君曰：『然。』曰：『通达之中有魏，于魏中有梁，于梁中有王。王与蛮氏有辩乎？』君曰：『无辩。』客出而君惝然若有亡也。客出，惠子见。君曰：『客，大人也，圣人不足以当之。』惠子曰：『夫吹筦也，犹有嗃也；吹剑首者，吷而已矣。尧舜，人之所誉也。道尧舜于戴晋人之前，譬犹一吷也。』

惠子听说了这些情况，引见来了戴晋人。戴晋人对魏王说：『有一种小活物叫蜗牛的，国君您知道吗？』魏王说：『知道呀！』戴晋人说：『有个国家在蜗牛的左角，名字叫触氏，有个国家在蜗牛的右角，名字叫蛮氏，双方因争夺地盘而打仗，留下的尸体达几万具，胜方为了追赶败北的一方用了十五天方才撤兵而回。』魏王说：『唉，这都是虚妄的说法罢了！』戴晋人说：『让我为您将这些话发展到实处。请问，您认为东西南北四方与上下有尽头吗？』魏王说：『没有哇。』戴晋人说：『如果您能使自己的精神心智进入到无穷的寰宇中遨游，再回到舟车畅通、交往频繁的这些侯国中来，您会觉得这些小国对于无穷的寰宇来说，像是若有若无一样的吧？』魏王说：『是的。』戴晋人又说：『在这人迹所至的狭小范围内有一个魏国，在魏国中有一个大梁城，在大梁城里有君王。君王与那蛮氏相比，有区别吗？』魏王回答说：『没有。』戴晋人辞别而去，魏王心中怅然若失。

戴晋人离开后，惠子去见魏惠王。魏王说：『戴晋人真了不起，圣人不足以和他相提并论。』惠子说：『吹起竹管，就会有响亮的声音；吹着剑首的环孔，只会有咝咝的磨擦声罢了。尧与舜，都是人们所赞誉的圣人；在戴晋人面前讲什么尧与舜，就好比那微弱的咝咝之声罢了。』

大而化之法：与无穷的世界与大道相比，我们不过是蜗牛角上的小国寡民罢了；我们整天闹的那些大事，对于无穷大来说都近于零，都是可有可无、似有似无。豪迈则豪迈矣，阔大则阔大矣，可惜大而无当，不能当饭吃，最多能以当酒喝，酒喝多了，气概一上来，万物可以睥睨，万事不屑一顾，万难不在话下，叫做『与尔同销万古愁』！古代

中国士子就是这样无忧化无『害』化也无用化了的。

戴晋人的忽悠，已经早早地竖立了标杆，他当然比尧舜高明多了；尧舜是君王，他们要做实事，而戴某的忽悠也算是一手绝活了。

一个人不妨试试，遇到愤怒，遇到压迫，遇到穷途，被挤到了墙角，试着换一个角度忽悠忽悠自己，离开俗见，离开一般性，乃至离开常理，用全新说法逗自己笑一笑，也许有些许新的启发。

四 隐与显

孔子之楚，舍于蚁丘之浆。其邻有夫妻臣妾登极者，子路曰：『是稯稯何为者邪？』仲尼曰：『是圣人仆也。是自埋于民，自藏于畔。其声销，其志无穷，其口虽言，其心未尝言。方且与世违，而心不屑与之俱。是陆沉者也，是其市南宜僚邪？』子路请往召之。孔子曰：『已矣！彼知丘之著于己也，知丘之适楚也，以丘为必使楚王之召己也。彼且以丘为佞人也。夫若然者，其于佞人也，羞闻其言，而况亲见其身乎！而何以为存！』子路往视之，其室虚矣。

孔子到楚国去，临时住在蚁丘一家卖浆人的房里。邻居家的夫妻与男女仆人全都登上了屋顶观望。子路说：『这么多人聚集在一起是干什么呢？』孔子说：『他们都是圣人的仆从。圣哲之人总是把自己隐藏在民人之间，藏身于田园。你可能认为他是销声匿迹了，他的志向却是不可穷尽的。他嘴里虽然要说一些话，心里其实什么也不想说。就这样，他仍然处处与世俗相违背，他的心也确实不愿与世俗为伍。这是隐遁于世俗中的隐士。这个人恐怕就是楚国的市南宜僚吧？』

子路想去求见。孔子说：『算了吧！他知道我对他了解，又知道我来到了楚国，他估计我一定会将他推荐给楚王来召见他，这样他也就把我看做献媚取巧的奸佞之人啦！如果他当真是这样的思路，他会羞于听闻奸佞之人的庸俗言语，更何况是亲身与之见面呢！你怎么会认为他还能留在这里呢？』子路前往探视，市南宜僚的住宅已经空无人迹了。

这里对于市南宜僚的描写既真实深刻，又不无过分与自相矛盾。他是圣人，圣人要把自己深藏起来，用现在的流行词是『潜伏』起来，潜伏于民间，潜伏于田园山林，不知为什么不能潜伏于市井。你待在民间，就高高兴兴待在民间吧，就该像冉相氏那样：『与世偕行而不替，所行之备而不洫。』就是与世俗同行，不生事不闹心不偏爱不折腾。不，这位孔子口中的市南宜僚，还要说话，而且又要说又要认定那是他自己压根不想说的话，还要与俗相违，还要一百个不情愿地与俗俱行，叫做不屑与之俱。这样清高伟大如昆仑高峰者，还能隐藏在民间田野吗？还能踏实地活着吗？还能不与环境冲突起来吗？

底下说的子路找不着市南宜僚的故事就更微妙。第一，孔子涉嫌奸佞，东奔西跑，求官求权求治求『世披靡兮扶之直』而不得，这样写有什么春秋笔法乎？抑或是市南宜僚多疑而且任意贬低他人，直至彻底否定大成至圣先师文宣王大哉孔子乎？第二，市南宜僚能够那么有把握孔子要推荐他？为之逃亡？又与俗难谐，碰上一点点被举荐的『危险』就逃命不迭，是不是有点矫情、有点过分呢？他是疾俗如仇吗？他是恶俗如虎吗？一个真正清高的人需要那么敏感与人为的警惕吗？第三，孔子如此对市南宜僚了如指掌，以致劝阻子路不要去打搅市南宜僚，市南宜僚防孔却如防贼一般，合适吗？第四，既然一直潜伏，怎么搞得这么大名声，甚至戴上了圣人的帽子幌子，还有那么多『夫妻臣妾』聚拢在

他的名下？他这是旗手领队带头羊呀，哪里是自埋自藏的陆沉之人呢？

读完这一段，人们会觉得孔子比市南宜僚更近情理一些，这不应当是《庄子》的原意吧？

长梧封人问子牢曰：『君为政焉勿卤莽，治民焉勿灭裂。昔予为禾，耕而卤莽之，则其实亦卤莽而报予；芸而灭裂之，其实亦灭裂而报予。予来年变齐，深其耕而熟耰之，其禾蘩以滋，予终年厌飧。』庄子闻之曰：『今人之治其形，理其心，多有似封人之所谓，遁其天，离其性，灭其情，亡其神，以众为。故卤莽其性者，欲恶之孽，为性萑苇蒹葭，始萌以扶吾形，寻擢吾性。并溃漏发，不择所出，漂疽疥痈，内热溲膏是也。』

长梧地方的封疆长官对子牢说：『你处理政务不能鲁莽，治理百姓不要草率。从前我种庄稼，耕地粗放鲁莽，结果庄稼的收获果实也就是粗放的；我锄草松土也是草率得很，而庄稼的收获果实也就是草草率率的了。其后一年我改变了原有的粗放耕作方式，做到了深耕细作，管理到底，禾苗繁盛，籽实饱满，我一年到头粮食充裕。』

庄子听了，说：『如今人们掌管自己的身体，调理自己的心绪，许多人恰像这位封疆长官所说的那样，逃避天然，背离本性，泯灭真情，失却精神，这都因为粗率鲁莽所致。那些对待本性和真情粗率鲁莽的人，他们的贪欲与恶念的孽种，像萑苇、蒹葭这些杂草遮蔽庄稼那样改变着人的本性，开始时似乎还可以用来满足人的肉体需要，逐渐地就祛除了自己的本性，像毒疮一样发作溃烂，随处泄出，毒疮流脓，内热遗精……』

这一段似不甚解。此前，按《庄子》一书的说法，人似乎应该无所用心，随意随性随缘随机丧我忘物，婴儿般槁木死灰般生活，才是逍遥自在、东方不败。《庄子》还通过假设的老子之口给假设的孔子讲：一切的修养、研习、自

我教育与自我控制都是害多利少的，都是不必要的。为什么这里出来一个莫名其妙、不知从何而来的封疆官员，要你像深耕细作加强田间管理一样地对待自身呢？即使这里讲的只是形体，只是养生，似也与庄周的大而化之论、老庄的无为主义不合，而更像讲什么业精于勤荒于嬉，甚至讲农业劳动的回报原则，你干得粗，收获就粗，你干得细，收获就细，你干得多，收益就多，终年厌飧云云，干脆是勤劳致富、丰衣足食的号召呀！

鲁莽粗率人就会变坏，这也不太像庄子的观点，庄子在《应帝王》中已经说到：『鸟高飞以避矰弋之害，鼷鼠深穴乎神丘之下，以避熏凿之患，而曾二虫之无知。』鸟儿也懂得高飞来避免弩弋的射中，老鼠也懂得挖深洞免得被烟熏火燎，连小动物也懂得做什么与不应做什么，君王去搞辛辛苦苦的治理是欺天，是无事生非，是扰民讨嫌，这是遁天离性。

当然，也可以解释这里批判的是『今人之治其形理其心』如何如何，要批的是那种愚蠢的、莽撞的、轻率的、多此一举的养生与修身。从此段的观点来看，正是孔孟之徒的正心诚意修身会把人引上邪路。庶几能说得通，也不是那么顺当。

五　为政的末路

柏矩学于老聃，曰：『请之天下游。』老聃曰：『已矣！天下犹是也。』又请之，老聃曰：『汝将何始？』曰：『始于齐。』至齐，见辜人焉，推而强之，解朝服而幕之，号天而哭之曰：『子乎！子乎！天下有大灾，子独先离之，曰「莫为盗，莫为杀人」。荣辱立然后睹所病，货财聚然后睹所争。今立人之所病，聚人之所争，穷困人之身，使无休时。

欲无至此得乎？

『古之君人者，以得为在民，以失为在己；以正为在民，以枉为在己。故一形有失其形者，退而自责。今则不然，匿为物而过不识，大为难而罪不敢，重为任而罚不胜，远其涂而诛不至。民知力竭，则以伪继之。日出多伪，士民安取不伪？夫力不足则伪，知不足则欺，财不足则盗。盗窃之行，于谁责而可乎？』

柏矩师从老聃求学，说：『请求老师让我到天下去走一走。』老聃说：『算了，天下也就是这个样子。』柏矩再次申请，老聃说：『你打算从哪里开始你的游历？』柏矩说：『从齐国开始吧。』柏矩到了齐国，见到一个被处死刑而抛尸示众的人。他挪动尸体摆成仰卧，再脱下朝服覆盖在尸体上，仰天号啕大哭，诉说：『你哟你哟！天下出现了这么大的灾难，恰恰是你先倒了霉！大家都说不可为盗，也不可杀人害命哟！世上有了荣辱之别，然后各种痛苦与不平也就显示出来，让大家看得见了；财货日渐积存增加，然后各种争夺也就看得见、表现出来了。如今上边推崇的恰恰是令人厌恶的高位，社会积攒的恰恰是人们所争夺的财富，人们陷入疲于奔命的困境而不得休息，想要不出现这样的惨剧，硬是做不到的啊！

『古时候的君侯，把施政的成绩归功于百姓，把管理的过失归咎于自己，把正确的举措归功于百姓，把不当的举措归咎于自己，所以只要有一个形体受到损伤的人，便退而自省。现在就不是这样啦！一面隐匿事物的真相，一面指责民人的无知；一面添加办事的难度（如行政手续的日益复杂化），一面批评臣民们缺少克服困难的毅力；一面加重任务加重负担，一面却处罚臣民说他们没有能更好地完成任务；一面把路途延长，一面谴责那些没有按时到达的臣民。臣民费尽九牛二虎之力仍然达不到君侯的要求，接着就只有弄虚作假来对付了，见天出现那么多弄虚作假，臣民怎么可能不弄虚作假！力量用尽了只能作假，智能不足就欺诈，财力不济便盗窃。盗窃行为的出现与增多，到底应该责备谁呢？』

这里有几层意思。柏矩要周游列国，老子说不必了，都这样，有天下老鸹一般黑的潜台词。

见到个被处决的尸体，柏矩大恸，合乎仁爱之心，但不应是庄氏的提倡；庄氏不是要齐生死，甚至认为也许死后的滋味很好吗？

将责任归之于君侯，事出有因。底下几条控诉有力：一面向百姓隐匿真相，一面抱怨百姓的无知；一面制造困难，一面指责无勇；一面加码加压，一面责备无能；一面延长距离，一面惩罚迟到。这说得太叫人感到亲切了，庄子竟是这样的体恤民情吗？

逼得老百姓没有路了，只好弄虚作假应付将就。这也算说绝了。

除了博大、奇诡、神异、灵动、汪洋、恣肆以外，我们这里看到了《庄子》文章学的另一面，真切、实在、辛辣、尖锐、民间性、抗议性、一针见血、毫不留情，确实是站在老百姓的立场上！

蘧伯玉行年六十而六十化，未尝不始于是之，而卒诎之以非也。未知今之所谓是之非五十九非也。万物有乎生而莫见其根，有乎出而莫见其门。人皆尊其知之所知，而莫知恃其知之所不知而后知，可不谓大疑乎！已乎！已乎！且无所逃。此所谓然与，然乎？

蓬伯玉活了六十年且六十年来一直随着年月而变化着，未尝没有当初认为对的东西而后终于转过弯来认为那是不对的。他也不敢说现今所认为对的东西，是不是竟是五十九岁时认为是错的东西呢？万物都有它的产生，但我们却看不到它的根源；有它的出世，但我们却看不着它的门径。人人都珍重自己的才智所已经了解的知识，却不懂只有仗恃自己的才智所不知道的知识，才能更多地知道一些知识，这能不算是最大的困惑吗？算了吧，算了吧！没有什么办法可以逃开这样的尴尬。这就是所谓对的了吗？真的是对的吗？

一种极奇特的不可知论，《庄子》一书中重复不知多少次。你已经知道的知识经验，只是整个世界的知识的极小极小部分，与此同时，你不知道的事情，有一个或者没有一个自己的估摸。例如外层空间，外星球，银河系外，你相信它们的存在与无穷，你相信可能有另外的生命存在形式，同时你至今没有发现一个有智能生命的地球之外的星球。再例如，你相信或者不相信人死后的灵魂不灭，你相信也可能不相信人死后进入另一个世界或进入安息与虚无。对此你有疑惑，有估摸，但没有确切的认知。还比如，你可能相信：一、外国处处比中国好；二、外国处处比中国差；三、外国中国各有长短；四、外国对外国人来说是好的，中国对于中国人来说是好的，没有可比性。五、各美所美，美人之美，美美与共；六、不管外国多么好，不能照搬，不论外国多么坏，不能代庖，关键还是做好自己的中国的事……在这些事情上，人们都是依靠自己的不知，而得到某种知的方向，甚至还得到了行的方向。这种知的与行的方向的前提正是承认自己的有所不知，所以不搞妄自尊大，不搞妄自菲薄，不搞迷信妄想，不搞悲观颓废，不搞邪魔歪道，不搞自我作古，不搞巫婆神汉，不搞魑魅魍魉，也不搞欺神灭道……

六十年与时俱化，这也讲得很朴实，六十岁时的观点不见得与五十九岁时全同。这对于僵硬的死鱼型人物、九斤老太式人物，是一个很好的劝谕。

仲尼问于太史大弢、伯常骞、狶韦曰：『夫卫灵公饮酒湛乐，不听国家之政；田猎毕弋，不应诸侯之际；其所以为灵公者何邪？』大弢曰：『是因是也。』伯常骞曰：『夫灵公有妻三人，同滥而浴。史鳅奉御而进所，搏币而扶翼。其慢若彼之甚也，见贤人若此其肃也，是其所以为灵公也。』狶韦曰：『夫灵公也死，卜葬于故墓不吉，卜葬于沙丘而吉。掘之数仞，得石椁焉，洗而视之，有铭焉，曰：「不冯其子，灵公夺而里之。」夫灵公之为灵也久矣！之二人何足以识之！』

孔子请教大弢、伯常骞、狶韦三位太史：『卫灵公生前只知饮酒作乐，不理国政，经常出外张网打猎射杀飞鸟，不参加诸侯间的交往盟会，他死后为什么要追谥为灵公呢？』大弢说：『这样的谥号，就是依据你刚才说的他的这些特点。』伯常骞说：『那时候卫灵公有三个妻子，他们在一个盆池里洗澡。卫国的贤臣史鳅奉召进到卫灵公的住处，他只得急忙接过衣裳来遮掩，急忙接待。他是那样的放荡散漫，同时他对待贤人又是这样的毕恭毕敬，这就是他死后被追谥为灵公的原因。』狶韦则说：『当年卫灵公死了，占卜的结果，说是葬在老墓地不吉利，而葬在沙丘上就好。于是跑到沙丘上挖掘数丈，挖出一具石制棺椁，除去泥土一看，上边刻着一段文字，说：「不必等待儿子，灵公将取此居之。」灵公被称为「灵」看来早已命中注定了，大弢和伯常骞怎么能够知道！』

似是而非，任君体会。第一个解释，不问政事，但问田猎酒色，才是灵公，至少他尊贤。不问政事云云，其实本

书一直是在鼓吹这种无为主义的。田猎酒色，从老子起是不提倡的。有一个尊贤的故事，抵消了他卑俗的一面了？最后出了一个天意难违的故事，反而显得画蛇添足。也许那个年代，不上一个天命故事，心里还是不踏实吧？

六　理想主义的为政，仍然不等于大道

少知问于大公调曰：『何谓丘里之言？』大公调曰：『丘里者，合十姓百名而为风俗也，合异以为同，散同以为异。今指马之百体而不得马，而马系于前者，立其百体而谓之马也。是故丘山积卑而为高，江河合水而为大，大人合并而为公。是以自外入者，有主而不执；由中出者，有正而不距。四时殊气，天不赐，故岁成；五官殊职，君不私，故国治；文武殊能，大人不赐，故德备；万物殊理，道不私，故无名。无名故无为，无为而无不为。时有终始，世有变化，祸福淳淳，至有所拂者而有所宜，自殉殊面；有所正者有所差，比于大泽，百材皆度；观于大山，木石同坛。此之谓丘里之言。』

少知向大公调求教：『什么叫做丘里之言（犹言乡土之论或村社之语）？』大公调说：『所谓丘里，就是把十个姓氏上百个人聚合在一起，形成共同的风俗；整合各不相同的相异者能够成为混同的整体，而打散混同的整体又能够成就为互不相同的个体。就如指出马的上百个部位，并不能获得一个完整的马，而将马拴缚在眼前，便包括了确立了马的上百个部位，才能称之为马。所以说，山丘要堆积卑微的土石才能高大起来，江河要汇纳细小的水流才能开阔起来，大人物归拢了众人的意见才能公平公正公允起来。所以说，一个人从外界接受到内心里会有无数信息，你虽然自有主张，却用不着摆出一副固执己见的架势，而由内心向外表达你的愿望见解，即使你有把握你是正确的也不必急于与他人顶撞抬杠。四季的气象各不一样，大自然并没有什么干预，这样，一年的时序才得以成就；各种官吏具有不同的任务，国君没有什么偏私，这样，政务才得到了治理；文臣武将具有各不相同的材质，君王不作偏爱，因此功能完备；万物具有各不相同的构成与规律，大道对它们也都没有什么偏见偏爱，因此不去命名区分，叫做无名。不去命名（无名），也就不需要有什么作为，没有作为（无为），反而能够各为其为、各得其所、各行其是。时序是此终彼始，世代是变化连接。祸福不停地流转交替，时时会出现违逆悖反，时时也会出现相宜顺遂；各自追求其不同的侧面，有正中不差的也就有失误偏差的。拿山泽来说，生长的各种材质都有自己的用途，再看看大山，树木与石块共生在同一块土地上。这就叫做丘里之言。』

丘里之言可以称之是民间共识、乡间论调、平头百姓之说法；丘里之言还可以解释为对于丘里形成的认识，也就是对于群体、社会形成的认识。什么说法呢？世间万物，可以化整为零，也可以积零为整，那么人与人可以各说其说、各信其信，也可以积累共识，成为共同的理论乃至信念。人与人既是一盘散沙，各自为己，又是一个整体，你中有我，我中有你，离开了整体个体难以存活，更难以有什么成就或者进步。这样的信念首先就是可零可整，可分可合，可卑可高，可大可小。认定大是小积成的，高是低垒起的，用李斯的话来说，就是『泰山不让土壤，故能成其大；河海不择细流，故能就其深；王者不却众庶，故能明其德』。也就是说：大不可以无视小，高不可以无视低，同不可以无视异，这里异了，那里也许正是同，今天异了，明天也许又是相同。这样的话，异是自然的正常的，同是伟大的高尚的。这样想与这样讲，比只讲一面，即重视大、高、全的一面，统一的一面，只讲尚同、只讲大河没水小河干，不讲小河没水大河也滔滔不到哪里去，要全面得多。

其次是自然与无为。四季是不同的，由于一切听其自然，四季组成了有序的年岁。官吏来自五湖四海，为了一些共同目的，整合到一起去了。人才各具特色，贤君能够将他们团结在一起，统率到一起。万物成分不同，各有其理，各有其路，不要介入万物的自行变化，也不必辛辛苦苦地为他们树立不同的名分，使人与人、物与物区分开来乃至对立起来。这一点似乎是专门与孔夫子的正名唱反调。

是的，这里的一个重要观念是「无名」：「万物殊理，道不私，故无名。无名故无为，无为而无不为。」这里甚至讲无名是无为的前提与基础。从《老子》起，就多次讲过无名，但对它的理解，古往今来实在一般般，近年来更时兴说成「无，名天地之始；有，名万物之母」，忽视了或抹杀了无名一词或命题在老庄哲学中的重要性。《庄子》此节中，通过前面讲的公阅休与则阳，讲若知之若不知之，若闻之若不闻之，再加上此处讲的丘里之言，关于无名的哲学命题或专门名词的重要性，有很大的发挥。是的，人之有为，与其有名有关，一个人有了天子之名，圣贤之名，明主之名，功臣之名，救世、使命、英雄、豪杰等等之名，当然要大大地有为起来，折腾起来，争斗起来。而如果没有这些大名，就可以无为而无不为了。

其次是大的平衡，有祸就有福，有危就有安，有得就有失，有正中靶心就有失之交臂，有背运就有好运，何必起急、何必不平衡呢？这讲得太好了，太想得开解（xiè）得开了。读至此处，能不豁然开朗？

少知曰：「然则谓之道，足乎？」大公调曰：「不然。今计物之数，不止于万，而期曰万物者，以数之多者号而读之也。是故天地者，形之大者也；阴阳者，气之大者也；道者为之公。因其大以号而读之，则可也，已有之矣，乃将得比哉！则若以斯辩，譬犹狗马，其不及远矣！」

王蒙讲说《庄子》系列

少知问：「既然如此，那么称之为道，可以吗？」大公调说：「不行。现在计算一下物的种数，不止于一万，而只限于称做万物，是用数目字中表达最多的那个万字来称呼它。所以，天和地，是形体中最大的；阴与阳，是元气中最大的；而大道却把天地、阴阳相贯通。因为它大就用「道」来称述它，是可以的；已经有了「道」的名称，还能够用什么来与它相提并论呢？假如用这样的观点来寻求区别，就好像狗与马，其间的差别也就太大了！」

这里要强调大道形而上的性质，玄而又玄、众妙之门的性质。道是无穷大，丘里之言是一般说法，最多讲到万物天地，尚未达到、扩展到、长期化到大道的化境。丘里之言，心平气和，无怨无怒，不骄不躁；大道却吞吐八荒，开阖万古，超越物我，混沌终始，无生无死……

人的词儿是太多了，这个与那个同义，那个与这个反义，同义了就互相替代，大可不必，各有各的用法与特点。其实堂堂《庄子》论述这个词不一定非要代替那个词，也没有什么大意思。有什么办法呢？中华文化有抠字眼的传统，叫做『鲁叟谈五经，白发死章句；问以经济策，茫如堕烟雾』。

少知曰：「四方之内，六合之里，万物之所生恶起？」大公调曰：「阴阳相照，相盖相治，四时相代，相生相杀。欲恶去就，于是桥起。雌雄片合，于是庸有。安危相易，祸福相生，缓急相摩，聚散以成。此名实之可纪，精微之可志也。随序之相理，桥运之相使，穷则反，终则始，此物之所有。言之所尽，知之所至，极物而已。睹道之人，不随其所废，不原其所起，此议之所止。」

少知问：「四方之内，六合（三维）之间，万物的产生怎么开始的呢？」大公调说：「阴阳互相作用、互动，互相限制、

抵消，又互相激活、滋长，四季互相替代、互相产生又互相削弱。欲想与嫌恶、躲避与靠拢，相反相生，运动起来。雌性、雄性交合，于是培育产生了万物。安全与危难相互变化，灾祸与幸福彼此产生，寿考与夭折相互接连，分离和聚散从而形成。这些现象这些变化，既有名称，也有实际，能够记述，内里的精理妙要之处也都能总结出来。事物的有序变化互相调理，生命的运作伸展互相作用，到了尽头就折回，有了终结再开始；这都是万物所共有的表象。言语能表达的，智巧能够得着的，只限于万物的这些表象罢了。真正体悟大道的人，不跟踪事物的消亡，不追问事物的源起，这可以说是用言语评说大道的边界，到此为止。」

一方面讲道在一切角落，包括在屎溺处，一方面讲悟道的人不研究万物的起始与终结。这有一点自相矛盾，但也有其用意。处处有道，说的是万物皆是大道的下载与证明，不谈始终，是说任何物并不即等于道。只有进入无穷，进入起源的起源的起源……以至于无起源，进入结束的结束的结束……以至于无结束，才是对于大道的体悟。大道是永恒的，什么叫永恒，无起点也无终点；如果有起点也有终点，等于承认大道是有限的，等于说起点之前无道、终点之后也无道。而从道的观点来看，确实，此结束就是彼起源，彼结束就是此起源。冬去则春始，夏去则秋生，交合则生育，生出则走向老死，老死则进入彼岸，非常人可述。体悟了大道的人早就超越了四时、六合、变易、始终、生死、物我……也就更不存在开始与终了的问题了。

七　大道的内在悖论令人叹息

少知曰：『季真之莫为，接子之或使，二家之议，孰正于其情，孰偏于其理？』大公调曰：『鸡鸣狗吠，是人之所知。

虽有大知，不能以言读其所自化，又不能以意其所将为。斯而析之，精至于无伦，大至于不可围。或之使，莫之为，未免于物而终以为过。或使则实，莫为则虚。有名有实，是物之居；无名无实，在物之虚。可言可意，言而愈疏。未生不可忌，已死不可徂。死生非远也，理不可睹。或之使，莫之为，疑之所假。吾观之本，其往无穷；吾求之末，其来无止。无穷无止，言之无也，与物同理。或使莫为，言之本也，与物终始。道不可有，有不可无。道之为名，所假而行。或使莫为，在物一曲，夫胡为于大方！言而足，则终日言而尽道；言而不足，则终日言而尽物。道物之极，言默不足以载。非言非默，议有所极。』

少知又问：『季真的「莫为」（无为论），接子的「或使」（有为论），两家的主张，谁的合乎实情，谁又偏离了正理呢？』大公调说：『鸡鸣狗叫，这是人人都看到过的；可是，即使你具有大智，你也不能用言语来解说明白它们为什么要自行变化，为什么鸡出鸡声，狗出狗音，或为什么这只鸡这条狗刚才不叫现在叫，同样也不能推测它们下一步将会做些什么。就这样就一种现象推论分析，哪怕达到精妙绝伦的地步，或者是延展达到了不可围量的浩大无际，分析下去，到底是有为对还是无为对呢？都不免受到外物的形而下的局限，因而最终只能说是不那么全面与精当。「或使」的主张呆板坐实，「莫为」的观点虚无缥缈。有名有实，万物就待在那儿了。无名无实，事物的存在也终于走向虚无。对于有为无为万物万象，可以言谈也可以想象，而一味言谈下去只能愈来愈不着边际。没有生的谁也挡不住他的生，已近死亡的谁也拦不住他的死。死与生相距不远，其中深刻的道理却是谁也看不见。事物的产生有所意图与根据吗？还是事物的出现全部来自虚无？两者都是令人疑惑乃至假托之论——强词夺理。我观

察事物的本原，事物的过去找不到头；我寻找事物的末端，事物的将来找不到尾。没有头又没有尾的永恒与无穷，是言语所无法表达的。言语在这一点上与物质、外物是一样的，只能表达有名有实，不会表达无名无实。而「或使」「莫为」即有为与无为的主张，有与无的分析，正是言谈话题的本原，是一切哲学对话的最爱，它伴随着一切事物的全过程。道不可以认同有，有又不可以认同无。大道之所以叫做「道」，只不过是借用了「道」的名称。（老子：道常无名。）「或使」和「莫为」的主张，各自强调事物的一隅，怎么能表现出大道的无穷大呢？如果这样说说就行了，那么整天说早就把道说完了；如果说也说不清楚，那么整天说话也都停在物的形而下的层面，够不着大道。道是最高的极限亦即无极限，说与不说都不足以承载得起大道；你只能既不说话也不缄默，评述至此，也就算是到了极限，再也前进不了一步啦！」

此段尤似庄子的后人所作。它太喜欢排列字眼，将一个词或字翻过来倒过去地掂量掰扯。它归结到既不能讲无为又不能讲有为上，也与整个老庄的说法不同。老庄当然是讲无为的。但有这一章，把无为再无它一家伙、疑它一家伙，又是不无道理的。它强调物质、外物永远是受局限的、具体的，不可能完全地提升到形而上的大道的层面。言语，基本上是有名有实的规定性，同样也是永远与大道不可能完全吻合的。对待外物，你莫可奈何，你阻挡不住任何外物的变易过程，你解说不了外物的任何是此而非彼的原因，小而至于鸡鸣狗吠，大而至于相距甚近的生与死。这个说法深刻然而消极，抱着这样的世界观，就不可能有钻研科学、认识世界（即认识外物）的信念与追求。这种观念，是我国自然科学很长一段时间不发达的思想原因之一。其实，自然科学的认识是有

自己的具体性限制性的，生理就是生理，心理就是心理，物理就是物理，化学就是化学，内科就是内科，外科就是外科，实验结论就是实验结论，假说就是假说。限制性不可能使物质蒙羞，不可能使科学蒙羞，无所不包、无始无终、无边无围也不能使任何理念增光。《庄子》训练出了极可爱的玄学思维能力，却贬低了科学思维，这是不可取的。

人的认识能力与表达能力，尤其是语言能力本身就是充满内在的矛盾的。你说就能说出个大道来，那大道早就说够了说完了；如果说不清楚，你还说什么？问题恰恰在于，想要说，又一下子说不特别清楚。

精彩的语言是人类的财富，任何精彩的论说又都不可能穷尽认识与真理。有名与有实是语言的基础，无名与无实是语言的空平台、天空。只有有名有实，语言变成了死膛的陶瓮了，没有用了。只有无名无实，语言变成虚幻的肥皂泡了，变成梦呓，变成疯魔了，也没有用了。当你说鸡会鸣、狗会吠的时候，你的语言有名有实，即有词句有对应物；当你说你无法解释鸡鸣与狗吠时，你其实同样有字词有对应，对应物即是你对于鸡狗的不能解释、零解释。其实对于鸡狗，科学家已经有了许多解释，鸡鸣狗吠与生命现象、求偶现象、争斗现象等的联系是可以讲出道理来的。

再提升到大道的层次，大道是无名无实的吗？不完全是，世界的统一性并不全是臆想。有了『有限』，语言上的制造反义词功能与人们频频制造反义词的先例使人就地造就出了『无限』一词来，正如有了『分散』就会产生出『整体』一词来。所以，语言不但可以是物的名，也可以是名的名，还可以是人类的主观世界，叫做内宇宙的一切，思辨、欲望、

道德、关怀、想象、痛苦、解脱、情绪、崇拜、向往的名，名可以反过来成为名的实、名的物（对象），精神也可以成为名之实、实有的人类的主观世界。这里的《庄子》没有学会反思，没有学会将自我对象化，因而得出了物道不相为谋的机械式结论。

前面讲得很好，天并不就是道，以天喻道是因为天大，而且天具有明显的道的特质：涵盖、覆载、无言、无心、大均（其实天象绝非均匀，斯时的老庄不知罢了）、自然、自化。天与道相接近。不仅是天，鲲、鹏、黄帝、彭祖、九万里、南溟北溟、地球、银河系，都等同不了大道，但又都是大道的表现；岂止这些大家伙，泥鳅、老鼠、井蛙、雕、鸠、小蝉、毫无用处的大臭椿、死与生、荣与辱、寿与夭……都是大道在起作用。部分自然不等于整体，但整体也不能没有部分，没有万物，你上哪里体悟大道去？伟哉大道，无所不包！伟哉万物，皆行大道！

老王说：对于这一章的解读与发挥颇有难处。对一些我最敬重的庄学家的解读，读之再读之，尽管我愿意相信他们的解读完全正确，你仍然很难把握文本的逻辑、要旨、针对性与递进的层次。你的感觉仍然是略有所悟，若有精彩，闪闪发光，又闹不清光苗儿究竟在何处，实际感觉是越解释越糊涂，文字换成白话以后，文章尤不通了。怎么办？照猫画虎，亦步亦趋，解释了半天谁也闹不明白，这是一种选择，老王实在不想这样做。尽力揣摩，增加想象，不避鄙陋，硬是以总体理解的光亮与人生经历的总和去照耀现今读来已是十分生僻的文句，同时为字与句搭桥铺路，不怕庄学王解，不怕古书今说，力求以王解庄，也不怕借庄表王，更重要的是以生活解庄，从庄中发现与弘扬活生生的智慧。这是读庄一乐，一乐再乐，其乐无穷。越是抽象的概念越挑战大脑，如果我们还侥幸有点头脑的话。越是深邃的道理，越激发胆识，如果我们不为古人吓倒的话。古人当时也是今人活人，『此情可待成追忆，只是当时已惘然』，也许今天的活人能追忆得更好。越是含糊与似是而非的解释，越推动思考，如果我们求通的意愿与贯而通之的能力没有消磨殆尽的话。越是难以到达的高端与旮旯，越会给你以意想不到的启发与光照的惊喜，如果我们的心智尚能凿出点窍孔的话。庄子《庄子》，是令人开窍之书，可惜长期以来，一些读书人的心智长了厚趼子……识者教之，读者幸甚，笔者幸甚！

外物：人怎么样得到自由

外界的没有准谱，远水如何能解涸辙之鱼的近渴？想钓大鱼的人多，有大气魄的人少。以高雅的语言也可以指挥盗墓的事。智者神龟，善知未来吉凶，却保不住自己的活命。房间太小了容易发生婆媳冲突，提倡孝的结果是饿死一半孝子……这是信口开河吗？却又令人拍案叫绝。

一　善未必就有善报，就是说仅仅提倡道德，不见得管用

外物不可必，故龙逢诛，比干戮，箕子狂，恶来死，桀纣亡。人主莫不欲其臣之忠，而忠未必信，故伍员流于江，苌弘死于蜀，藏其血三年而化为碧。人亲莫不欲其子之孝，而孝未必爱，故孝己忧而曾参悲。木与木相摩则然，金与火相守则流。阴阳错行，则天地大絯，于是乎有雷有霆，水中有火，乃焚大槐。有甚忧两陷而无所逃，螴蜳不得成，心若悬于天地之间，慰暋沉屯，利害相摩，生火甚多；众人焚和，月固不胜火，于是乎有僓然而道尽。

外面世界的一切并没有一个准谱：忠良之士关龙逢被杀，比干被挖了心，箕子只好装疯，而小人恶来也不免一死，暴君夏桀殷纣是亡国亡身。君王没有不要臣子效忠自身的，可是你忠了，不等于你能够被信任，伍子胥被赐死，漂尸江流，苌弘被流放，到西蜀自杀了，西蜀人收藏他的血液三年，变成了碧玉。做父母的没有不要子女孝顺的，可是你尽孝了，不等于必然得到欢心，孝己一味愁苦，曾参始终悲哀。木头与木头摩擦就会起火，金属跟火放到一块儿就会熔化。阴阳不调，天地震惊，于是雷声隆隆，雨水中夹着电火，烧毁高大的槐树。人们很容易陷入深度的忧愁，而且在忧喜两种心境的夹攻中越陷越深，无法逃避。人们担惊受怕、恐惧不安而又一事无成，内心像高悬在天地之间，郁闷无着，利害得失在心中碰撞，于是心烦意乱。心情平缓不下来，压不下心火如焚，只能是精神崩颓，再没有办法自救。

描写『外面的世界很无奈』，触目惊心。忠啊孝啊，儒家的这一套最最没有争议的概念，仍然是天知道什么下场！你说你忠，我说我忠，光一个忠字就可以成为相争相杀的旗帜，而且有了对于忠的提倡就有对于不忠的惩罚，一个忠字成为桀纣诛杀贤臣的口实！《庄子》开列忠而见疑见诛的清单何等刺激！一些人在忠与孝的旗帜下干了多少不仁不义的坏事！

《庄子》讲忠孝的口号带来的昏聩与恶劣。问题是他们假定的、他们提倡的不讲忠孝，又会带来什么呢？

木木取火，火金熔金，以此例说明人际关系、群际关系的多种多样。而这种关系一旦向不平衡不和谐不协调方面发展，就会雷劈电闪，雨注火烧，心烦意乱，走投无路。

为什么把外面的世界说得这样可怕呢？难道外面的世界没有什么精彩与诱人之处？《庄子》告诉我们，外物凶险，外物恶变，天有不测风云，人有旦夕祸福，人无百日好，花无十日红，还是要回到内心，回到恬静淡漠，回到玄理大道上去。

这只能算是说法之一种，还是可能有别的说法，例如积极进取，虽败犹荣，但问耕耘，过程也是意义……反正，既然来到人世，实在不好被人世的混乱与风险吓回去。德国作家君特·格拉斯写过上个世纪八十年代第一次访问上海的印象，说看到当地下班时的人潮，他想起一句德国谚语：幸亏人出生时是头先出来的，不然，一看这个世界，还不得吓得钻回去？还有一个澳大利亚姑娘，她从来没有见过拥挤的人群，当她随父母来到印度，看到密密麻麻的人时，吓晕过去了。对于某些天真或者娇嫩的人来说，世界是可怕的。庄子早感觉到了。

庄周家贫，故往贷粟于监河侯。监河侯曰：『诺。我将得邑金，将贷子三百金，可乎？』庄周忿然作色曰：『周昨来，有中道而呼者。周顾视车辙中，有鲋鱼焉。周问之曰：「鲋鱼来！子何为者邪？」对曰：「我，东海之波臣也。君岂有斗升之水而活我哉？」周曰：「诺。我且南游吴越之王，激西江之水而迎子，可乎？」鲋鱼忿然作色曰：「吾失我常与，我无所处。吾得斗升之水然活耳，君乃言此，曾不如早索我于枯鱼之肆！」』

庄周家里贫穷，找监河侯借粮。监河侯说：『好哇，等我收取封邑之地百姓缴纳的赋钱之后，借给你三百金，行了吧？』庄周听后气得脸色大变，他说：『我昨天来的时候，在半道上听到呼叫声。我回头看看，在车轮碾过的辙沟里，有条鲫鱼在那儿呻吟。我问：「鲫鱼，你这是怎么啦？」鲫鱼回答：「我是东海龙王的一员臣子。你也许能找那么半斗一升的水救我一命吧？」我对它说：「行啊，我要到南方去劝说吴越君王，引过西江之水来迎接你，可以吗？」

鲫鱼变了脸色生气地说：「我失去正常的生活环境，没有安身之处。眼下我能得到半斗一升不多的水就能活下去，而你竟说出这样不通情理的话，还不如早早地到干鱼零售店找我去！」」

古已有之的远水不解近渴的故事。或许是在讽刺孔孟之道？天下大乱，战火频仍，尔虞我诈，民不聊生，这时候大讲仁义道德、周公之治，梦想着历史重演，二度唐尧虞舜的盛世，这不是远水不解近渴吗？还不如讲讲活命之道、免死之道、糊口之道呢！

其实这也是对一切书本、一切教条的嘲讽，靠翻书永远解决不了涸辙之鱼的需求。到了现在，以为靠回到《三字经》《弟子规》上能解决问题，就更是自欺欺人了。

这里还有机不可失、时不再来之意，关键时刻，一升一斗的水的作用胜过了一条大江。为什么古人说是『涓滴之恩，当以涌泉相报』？因为你的涓滴是在他最最干渴的时候所给予的。空谈许诺，好高骛远，拖延时机，失之毫厘，差之千里，有待于这样的人，不如早早地到枯鱼之肆去挺尸！

二 小人物想干大事，有点可笑

任公子为大钩巨缁，五十犗以为饵，蹲乎会稽，投竿东海，旦旦而钓，期年不得鱼。已而大鱼食之，牵巨钩，錎没而下，骛扬而奋鬐，白波如山，海水震荡，声侔鬼神，惮赫千里。任公子得若鱼，离而腊之，自制河以东，苍梧已北，莫不厌若鱼者。已而后世辁才讽说之徒，皆惊而相告也。夫揭竿累，趣灌渎，守鲵鲋，其于得大鱼难矣。饰小说以干县令，其于大达亦远矣，是以未尝闻任氏之风俗，其不可与经于世亦远矣。

任国公子做了个大鱼钩，系上粗黑的缆绳，用五十头阉牛做鱼饵，蹲在会稽山上，把钓竿投向东海，天天钓鱼，过了整整一年却没有钓到一条鱼。后来大鱼来吞鱼饵，牵动了巨大的钓钩，迅速沉入海底，又急忙拱起脊背，摇动鱼鳍，腾跃奋起，掀起如山白浪，海水剧烈震荡，呼啸声泣鬼惊神，千里之外的人听到了都莫不心惊肉跳。任公子钓到了这样一条大鱼，将它劈开，熏制成腊鱼干，从浙江以东到苍梧山以北，没有谁不饱饱地吃过这条鱼。这使得那些有点小聪明同时又喜好评点八卦的人大为惊奇，奔走相告。他们举着钓竿丝绳，奔跑在山沟小渠旁，守候鲫鱼泥鳅，也想得到大鱼——结果如何，那就难说了。以卑微浅陋的言辞标榜矫饰自己，以求高名善誉，距离真正的通晓大道，其实是很遥远的。可以说，如果你连任公子的故事都不知道，恐怕也不可能是善于治理天下的人，个中差距并非微小啊！

这个故事相当富有冲击力。放粗绳，钓大鱼，任凭风浪起，稳蹲钓鱼台。大鱼吞钩以后的情景，惊天动海，雪浪如山，涛声似雷。而为了这条大鱼的出现，任公子一直等候了一年，这样的『期年不得鱼』的代价也是庸夫凡人所无法想象的。虽然是只言片语，其场面与氛围仍然令人想起海明威的《老人与海》来。海明威的老人没有成功，但也不是为了被打败而生而老的。任公子不然，他成功了。任公子的成功是引来一批八卦广播者、一批凡俗效尤者，庸人们拿上小细鱼竿、细丝鱼线，跑到小溪河汊上钓鲫鱼与泥鳅去了。亏他想得出！

庄周真牛，他的智力优越感，他的智力骄傲已经到登峰造极的程度了。庄子不但能做到大而化之，而且能够做到大而蔑之，大而灭之，大而横扫一大片也。与庄生的吞吐莽苍苍、睥睨浩汤汤、玩笑古今、超越物我相比，其他的凡人顶多是传传八卦，学学样子，骑个老鼠当马，钓个泥鳅下酒罢了。庄周是巨人，凡俗是虫蚁！

后边说『饰小说以干县（悬）令』，是中文『小说』一词的滥觞。中文『小说』一词是与『大说』相对应的，就是指相对琐屑、浅薄、卑微、上不得台面的那些黑道白道、荦荦素素闲言碎语段子。中国自古生发小说一词时，已经包含了对于这种文体的贬低。英语如果笼统地谈小说而不是具体地讲长篇小说或短篇小说，一般用『fiction』即『虚构』一词，它强调的是小说与纪实文学的区别。而我们这里强调的是小说与大说、大文的区别。大说是论述『修齐治平』或者『道生一，一生二』的。小说是引车卖浆之流的稗官野史、道听途说。这也说明上世纪八十年代一批评论家突然大加责备小说老是写小猫小狗小花小草小男小女小城小店……是多么无事生非。我曾戏言，他们忘记了还有一根本的『小』需要批判，我建议按照那些评论家的逻辑，将小说正式更名为『大说』。同样，放长线钓大鱼固然是甚为可羡，却不是很多人能够做得到的，更多的渔民则是捕捉点中小鱼虾鳖蟹，供百姓吃家常便饭，那又有什么可看不起的呢？也怪，主张了半天齐物，何必把大与小分得如此清楚，何必如此扬大而抑小？《庄子》自己已经讲了，『丘山积卑而为高，江河合水而为大』，积少成多，积小成大，这样说，不是更合情合理吗？当然，对东施效颦地看到任公子的大鱼便急着去钓泥鳅者的描述，解颐而且过瘾。

三　如果儒者去盗墓

儒以诗礼发冢，大儒胪传曰：『东方作矣，事之何若？』小儒曰：『未解裙襦，口中有珠。诗固有之曰：「青青之麦，生于陵陂。生不布施，死何含珠为！」』『接其鬓，压其顪，而以金椎控其颐，徐别其颊，无伤口中珠！』

儒生引经据典，引《诗》据《礼》，以此传递信号盗墓。大儒在上面向下传话：『东方的太阳正在升起，咱们的事情进行得怎么样了？』小儒说：『下裙和上衣还未解开，口中含着珠子。古诗有句：「青青的麦苗啊，长在山坡之上。生前并不乐善好施，死后含个珠子又有什么意义呢？」』大儒说：『抓住他的双鬓，按着他的胡须，你用锤子敲打他的下巴，慢慢地分开他的两颊，不要损坏了死人嘴里的珠子！』

相当恐怖也相当有趣。

第一是语言游戏也。歪批三国，新老索隐，旁敲侧击，指桑骂槐，语言游戏也就是语言的解构，多么雅的语言，多么混账的行为！万不可成为语言、说法、教条的奴隶！

第二是儒盗也。既然有儒商儒将儒君，当然也会有儒盗儒匪儒犯。满口的诗曰子云，做的是伤天害理的盗墓勾当。文雅的语言与野蛮的行为之间产生了张力与笑料。

第三是语言的伪饰也。语言是交通也是遮蔽，是心结也是化装，是血泪倾诉也是装腔作势。满嘴的诗书礼乐，满肚子的男盗女娼，完全可能。

第四是欺骗也。世上有大言欺世，有巧言令色，有言行不一，也就有雅言欺世、书面语欺世。有好话说尽而坏事做绝，鲁迅写的《高老夫子》就暴露了这种人的丑态。欺骗，即虚伪与表里不一。语言的花招可以使干坏事显得有理，龌龊事显得干净，无耻事显得情有可原，一无所长之人显得有两下子。人啊人，你们要警惕呀！

我在想：如果我捉住了两个盗墓贼，满口诗书礼乐，甚至讲起英法德西班牙语，引用孔孟老庄苏格拉底与柏拉图，我会不会被他们骗过呢？

老莱子之弟子出薪，遇仲尼，反以告，曰：『有人于彼，修上而趋下，末偻而后耳，视若营四海，不知其谁氏之子？』老莱子曰：『是丘也。召而来。』仲尼至。曰：『丘！去汝躬矜与汝容知，斯为君子矣。』仲尼揖而退，蹙然改容而问曰：『业可得进乎？』老莱子曰：『夫不忍一世之伤而骜万世之患，抑固窭邪，亡其略弗及邪？惠以欢为骜，终身之丑，中民之行进焉耳，相引以名，相结以隐。与其誉尧而非桀，不如两忘而闭其所誉。反无非伤也，动无非邪也。圣人踌躇以兴事，以每成功，奈何哉其载焉终矜尔！』

老莱子的弟子出外打柴，遇上了孔丘，归来告诉给老莱子，说：『有个人在那里，上身长下身短，曲背弯腰而两耳往后，眼光遍及四方，不知道他是个什么人。』老莱子说：『这个人一定是孔丘。叫他来见我吧。』孔丘来了，老莱子说：『孔丘，去掉你举止上的矜持作态和表情上的机敏外露，那样就可以成为君子了。』孔丘听了连忙作揖而且后退几步，变颜变色地恭敬问道：『您看我所追求的仁义之学可以为世人所用吗？』老莱子说：『你受不了一生一世所看到感到的令人伤痛的事情，结果你的主张却会留下万世的后遗症，你是见识孤陋蔽塞吗，还是才智跟不上呢？行小惠以获取欢心、迎合庸众，一时可以得计，终生带来的是丢丑，是庸人的行为罢了，这样的人以名声相招引，以私利相互联结。与其称颂唐尧非议夏桀，不如将两种情况都丢到一边而堵住一切对于称誉的计较。悖逆较劲无非是伤性伤人伤己，搅动摇摆无非是邪念邪路邪魔。圣人顺应万物妥当行事，因而总能成功。为什么你就离不开你的那一套自卖自夸呢？』

上短下长，略有弯腰曲背，耳向后，目光四射，这幅素描沾边，是一个大脑发达，略显神经质，自我有很高期许的人的形象。这个形象思维是不差的。举止矜持，往好里说是尊严使命，往坏里说是装腔作势。表情智慧，往好里说是智力上乘，往坏里说是聪明外露，为国人所不取。几句话一说，孔子被震慑住了，又是变色，又是后退，看来很禁不住一说。底下的训斥值得思忖，孔子提倡的仁义，在某一个时代或有利于扶正祛邪，推动价值观的建设，但是，依这位老莱子的说法，却会引起竞争、矫饰、空谈、道德高调、泛道德主义、名教杀人、抑制天性、解释分歧、抱残守缺（半部《论语》治天下），遗后患于万世。这个说法不无片面，但相当狠，一针见血，刺刀见红。

『惠以欢为骜』，行小惠以求欢心，求人气，是庸人治国。『相引以名，相结以隐』，是凡俗成堆，靠名利关系来交友。我们知道有所谓酒肉朋友，应知更多的是名利朋友。是尧而非桀，本来正常，但《庄子》两相忘，堵塞赞誉之说更高出一截子，盖您颂唐尧而骂夏桀，带来的仍然是争夺与鉴定纠纷。谁是唐尧？谁是夏桀？没有争论吗？没有错判吗？没有不同角度的不同结论吗？没有向着灯的与向着火的之争吗？远了不说，这一类判断，对于俄罗斯领导人、美国领导人、巴勒斯坦领导人与以色列领导人……没有不同的说法吗？到时候会不会需要来他个宜粗不宜细呢？来他个一风吹向前看呢？

『踌躇以兴事』，这是行事之道的一个方面，另一方面则是敢于决策、敢于胜利、敢于冒险、敢于一搏。世界太多样了，道理也不是只有一种。

四　神龟知命，知命者偏偏无命，怎么办

宋元君夜半梦人被发窥阿门，曰：『予自宰路之渊，予为清江使河伯之所，渔者余且得予。』元君觉，使人占之，

曰：『此神龟也。』君曰：『渔者有余且乎？』左右曰：『有。』君曰：『令余且会朝。』明日，余且朝。君曰：『渔何得？』对曰：『且之网得白龟焉，其圆五尺。』君曰：『献若之龟。』龟至，君再欲杀之，再欲活之，心疑，卜之，曰：『杀龟以卜，吉。』乃刳龟以卜，七十二钻而无遗筴。仲尼曰：『神龟能见梦于元君，而不能避余且之网；知能七十二钻而无遗筴，不能避刳肠之患。如是，则知有所困，神有所不及也。虽有至知，万人谋之。鱼不畏网而畏鹈鹕。去小知而大知明，去善而自善矣。婴儿生无石师而能言，与能言者处也。』

宋元君半夜里梦到有个披散着头发的人在侧门旁窥视，说：『我是从名叫宰路的深渊来这里的，我受清江的指派到河伯的居所去，是渔夫余且捉住了我。』宋元君醒过来，找人占卜，卜者说：『梦中此人是一只神龟。』宋元君问：『渔人中有个名叫余且的吗？』左右侍臣答说：『有啊。』宋元君说：『叫余且到朝堂上见我。』第二天，余且来朝。宋元君问：『你打鱼得到什么东西了吗？』余且回答：『我下网捉到一只白龟，直径长达五尺。』宋元君说：『把你捕获的白龟献出来吧。』白龟送到，宋元君想将其杀掉，过一会儿又想养起来，心里犹犹豫豫。他便再找人占卜，卜者说：『你把白龟杀掉，用龟板来占卜，大吉。』宋元君于是把白龟剖开，挖空龟肉，用龟板占卜七十二次，回回算准，没有一次失误。孔子知道后叹息说：『神龟能托梦给宋元君，却躲不开渔人余且的渔网；它的才智能占卜七十二次回回准确无误，却不能摆脱剖腹挖肠之难。这么说，才智也有没辙的时候，神异也有效力到达不到、算计不到的地方。一个人越是拥有极高的智巧，越可能招引来万人的谋划设计。鱼儿常常不畏惧渔网而畏惧鹈鹕。它们知道鹈鹕是自己的天敌，却不知道人为的设计与捕捉更危险百倍。一个人只有去掉小聪明才能培养出大智慧，去掉有意的行善方才能使自己真正走上天然的善之道。婴儿生下地来并没有高明的老师，他照样也学会了说话，只因为他跟会说话的人自然相处在一道。』

这里讲的是一个神龟丧生的故事。这个故事不无辛酸，老王为神龟而落泪！龟而曰神，用《庄子》上喜用的话来说：『至矣！』算是到了家了，它能占卜诸事，十分神异，却连自己的命都保不住。不知道是不是由于东周时期的动乱争夺局面太惨烈了，越是聪明能干的人越容易死于非命，如何保全性命于危殆的世道，成了一本最难念的经，成了一种最高深莫测的学问，可以简称为『保命学』。

智者千虑，必有一失。大江大河过去了，小沟里却翻了船；千难万险中逢凶化吉了，如今闭门家中坐，却是祸从天上来。晴天来霹雳，喝凉水塞了牙，天有不测风云，人有旦夕祸福，保命学的成功率其实相当低，没有在此种世道中生活过的人，站着说话不腰疼的人，则体会不到个中滋味。

与此神龟命运类似，神人的下场一定是很好的吗？有超人的长处，有惊天的事功，却难逃死于非命的下场，这样的神人名人大人物，多了去啦！韩信没有死于胯下，没有死于险恶的楚汉交兵，没有败在项羽手中，却死于大功告成、荣华富贵之时的吕后手里。吕布没有败在阵前，却毁在自己的手下人手里。关羽、张飞同样如此，胜于大战，死于小疵。二〇一〇年春波兰总统莱赫·卡钦斯基等八十八位政府要人死于很难要旁人负责的飞机事故。这不正是『知有所困，神有所不及』吗？空有万般本领，纵使力能齐天，硬是保不住自己的命，这是怎样的可叹呀！

这样的例子不胜枚举。这其实是一大悲剧，现在的网民都将悲剧写成『杯具』，以解构任何认真的悲情。到了二十一世纪，悲剧已经杯具化了。二十世纪最伟大的指挥家卡拉扬、哲学家海德格尔，由于二战中有与纳粹政权某些

合作的记录而差点成为纳粹的殉葬品。海德格尔曾在战后被管制，不能自由行动，天天要向盟军写汇报。挪威作家汉姆生因为会见与称颂过希特勒，战后被挪威政府以叛国罪判刑，后病释。我在挪威中部的山区看到过他住过的一个洞穴，他曾躲在里边『闭门思过』。其实汉姆生见了希特勒之后，立马对希魔失望了。多少才人，在人生的风浪中翻船没顶！在政治运动中搭错了车，上了贼船的人又有多少！行路难，行路难，路途坎坷多危险，无意之中上错船，丢人又现眼，丢命无尊严，失足千古恨，遗臭上万年！尤其是才子之流，切不可恃才傲物，自命不凡呀！

当然，《庄子》有用一个手指的特殊事例否定九个指头的普遍规律的嫌疑。一般地说，智力并不是一个极端负面的因素，把智巧用到邪路才是自取灭亡。多一点智力，多一点知识，多一点经验，应该说多数情况下是有利于存活，有利于保护自身，有利于作出正确的而不是荒唐的选择。所谓聪明反被聪明误，并不等同于越傻越福气。一个人由于愚蠢而导致不良后果，不会被认为多么奇特也不会从而传颂天下，因傻而倒霉的事迹并不流行，倒是聪明反被聪明误的故事容易不胫而走。因傻得福的民间故事，中外都很多，老百姓也宁愿喜欢傻子。唉！

鱼畏鹈鹕，不畏渔网。很容易错解，以为是鹈鹕会给鱼类造成更大的危险，不，当然是说人祸比天敌更可怕，它等于是说：鱼知道警惕鹈鹕，却不知道警惕渔网，鱼儿们吃渔网的亏更大。另一个联想：人间世上，网罗何其多也！先贤注疏还有一说，是讲网罗无血无肉、无心无情，故而威力巨大无比！

最后扯到了婴儿学话上来。学话不用延师设课，只需要与会说话的人相处，道发自然。保平安要的也是自然，不要处心积虑地去自保，愈是处心积虑愈会防不胜防。所以老王最喜欢的言语之一是『不设防』三个字。你与平安厚朴的人处在一起，不要和惹是生非、冒险贪婪的人接近，你当然也会平安，不扰民、不扰官、不投机、不伸手、不设防，你有什么可不平安的呢？

五 只有与脚印一般大的地面，你还怎么走路

惠子谓庄子曰：『子言无用。』庄子曰：『知无用而始可与言用矣。夫地非不广且大也，人之所用容足耳。然则厕足而垫之致黄泉，人尚有用乎？』惠子曰：『无用。』庄子曰：『然则无用之为用也亦明矣。』

惠子对庄子说：『你讲的那一套都是无用的废话。』庄子说：『你通晓了无用，才有资格跟别人讨论有用。要说这个地不能不说是既广又大的了，人所用的只是能放得下脚丫子的一小块地面罢了。既然如此，那么只留下脚踩的那一小块，把其余挖掉，一直挖到黄泉，地对人来说还有用吗？』惠子说：『当然没法用了。』庄子说：『如此这般，无用的用处也就很明显了。』

前文也讲过类似的故事，有用无用是互相配合才发挥作用的。一条道路，必须有更宽的容量，才有性能可以行车、超车、会车、停车。一个学者的学问，大量是备用的，少量、极少量是立马使用的。一所建筑，容身所需甚微，活动所需甚广。一个富翁，已使用与正待使用消费的是其财产的一个极小部分，而他的资本、资源、财富，大量或极大量只是备用、可用、待用、暂不投入消费的。一种思想，使用不使用只是其性能的一部分，是一小部分，能谈论，能研讨，能发挥，能练习逻辑，能做思维体操，能游戏……从广义上说都是有用的表现，在观念推导的问题上，在见解发表的事情上，切不可小手小脚，抠抠搜搜，将思维限制在庸人的范围之内。

这是《庄子》杂篇中最生动的故事：你走道，道路对你行路有用的部分，只是与你的脚印大小与位置完全一致的那踩过的路面，这路面是有用的还是无用的呢？有用？用在何处？无用？如果去掉了无用的、脚印之外的路面，你还能走道儿吗？那还叫路吗？如此浅显，如此幽默，如此通俗，如此抬杠，如此死磕，如果你不看书，也许会认为是赵本山刘老根们的噱头呢！

细想起来还挺深。十三亿人，按每人每天讲五百句话计算，我国每天生产话语六千亿句，有用的话能有一亿句？不可能。一千万或一百万句？甚至也难说。但是你如果试图限量说话，还能出现有用的话吗？以现在的网络来说，上面的垃圾至少有百分之九十五，越民主垃圾越多，越不民主越没有垃圾，但也没有创造和前进，或者是公众的垃圾由一个半个铁腕的垃圾所替代。当铁腕变成了垃圾，尤其是当垃圾变成了铁腕，不是更要命吗？

庄子曰：『人有能游，且得不游乎？人而不能游，且得游乎？夫流遁之志，决绝之行，噫，其非至知厚德之任与！覆坠而不反，火驰而不顾，虽相与为君臣，时也，易世而无以相贱。故曰至人不留行焉。夫尊古而卑今，学者之流也。且以狶韦氏之流观今之世，夫孰能不波？唯至人乃能游于世而不僻，顺人而不失己。彼教不学，承意不彼。』

目彻为明，耳彻为聪，鼻彻为颤，口彻为甘，心彻为知，知彻为德。凡道不欲壅，壅则哽，哽而不止则跈，跈则众害生。物之有知者恃息，其不殷，非天之罪。天之穿之，日夜无降，人则顾塞其窦。胞有重阆，心有天游。室无空虚，则妇姑勃豀；心无天游，则六凿相攘。大林丘山之善于人也，亦神者不胜。

庄子说：『人若能随心性而遨游，那么难道还会有不活动不自由不自在的吗？人假如不能随心性而遨游，那么他还做得到自由自在地活动吗？流亡隐遁的清高洁癖，咬牙切齿绝不妥协合作的表现，唉，恐怕不是真知大德之人的行事方式吧！即使天塌地陷也不知转弯，不懂得回头看看与自我调整……即使相互间有君臣之情之义，也只应看成是一时的机缘，时势变化后就没有谁能管得了谁了，也没有谁受谁的管了。所以说，修养到家的人从不在人生的过程中有所停留执著。崇尚古代而对当今妄自菲薄，这是只知念书的学者们闹出来的。用狶韦氏之流的眼光来观察当今的世事，谁又能没有什么偏颇呢？修养到家的人方才能够遨游于世而不显乖僻，能够随和众人、随大溜却又不会失去自我。对其他人所讲的不必师从学取，倾听一下各种说法也不必就跟着他们走。』

眼光透彻叫做明，耳朵透彻叫做聪，鼻子透彻叫做颤，口舌透彻叫做甘，心灵透彻叫做知，智慧透彻叫做德。大凡道路总不可有所拥堵，拥堵就会出现梗阻，梗阻多了就会自相冲突，各种祸患也就随之而起。有知觉的物种离不开呼吸喘气，假如气息不畅，那么绝不是天然的过失所造成。天之气是贯穿万物、日夜不停的，而人们常常会堵塞住自身的孔道。腹腔有许多空间，从而能包容五脏与怀有胎儿，内心还能够顺应天性而遨游。宅屋里没有足够的活动空间，婆媳之间就会争吵不休；内心没有足够的活动空间，那么喜怒哀乐好恶六种情绪就会出现乱局。森林与山丘之所以适宜于人，也是因为人们的精神常常受不了各色情绪的纷扰与排挤（需要到森林山丘那边去舒缓一下）。

这是一种深刻的快乐哲学。人愿意的是耳聪目明，器官与心智都畅通无阻，活得明白透彻通达顺当，同时又保持个性，保护自我。这样，不必太执著太较劲太高调太亢奋。房塌了，窝端了，你就拐个弯，用毛主席的话叫『打得赢就打，打不赢就走』。跑得太快了，你还得东张西望一下，回头看一看，免得出事故，用庄周的话叫得踌躇一番。为

了畅通与开阔，人必须为自己留下足够的空间，你不可能老是在那里拼刺刀，或充当人体炸弹。留下空间，留下余地，游而由之，遨游就是自由自在自适自乐，就是随性随天，就是顺生顺道顺各种通道。

游则由，由则游，逍遥游就是逍遥自由！

这里对于『流遁之志，决绝之行』的批评颇耐人寻味，它使人想起一种做作的清高与偏执的激烈，也使人想起东方文化对于平衡与和谐、中庸与舒缓的讲究。当然这也与当时的时代背景有关，天下大乱，变化莫测，你再一较劲，只剩下了死路一条。庄子连连摇头，劝大伙想得开些，也算用心良苦。

德溢乎名，名溢乎暴，谋稽乎誸，知出乎争，柴生乎守，官事果乎众宜。春雨日时，草木怒生，铫鎒于是乎始修，草木之到植者过半而不知其然。

德行的夸张过分是由于名声太过，名声上的大吹大擂是由于张扬与显示的意图，谋略的根据是情势的危急，才智的发现出现是由于争夺，阻滞的产生是由于执着，官府事务的进行取决于如何去迎合众人的利益。春雨到了时候就会降下来，草木生猛，农民便整修锄地的农具，杂草锄过后重新长起，规模超过了未锄草前的一半，而人们不知道为什么会长得这样快。

老庄的一贯观点，美德美名的出现常常是由于坏事成堆、形势太恶，而美德美名的提倡恰恰导致出负面的影响。如老子认为大道废有仁义，国家昏乱有忠臣，六亲不和有孝慈。到了《庄子》杂篇这里是名声大噪才搞得德行失之夸张，张扬显摆搞得名声膨胀，情势危难产生了谋略的需求，争夺激烈激活了智巧的丛生。执著较劲，人的心思变成了榆木

疙瘩。众人意见与利益不一，乃需要官府的管理平衡乃至强制。反过来说，越是宣扬德行，越是会产生名声的表面性浮躁性。越是强调名声，越是助长了语言的显摆与夸张。谋略的发展使情势更加复杂诡异，智巧的膨胀使争夺更加混乱残酷。心思越是呆板，执著较劲得就越是厉害。官府管得愈严苛、细密、精到，众人的心思反而愈加混乱失控。

这里的锄草后草木反而猛长的比喻若明若暗。草木正处于猛长的季节，人为的锄草根本禁不住压不下草木的生长，锄后疯长，这有什么稀奇？有什么难解？除非你是唯意志论者，相信你能做到一切。合乎本性的事，你不特意地去言说去强力去作为去谋划去思忖去执著去调理管制，也许事物的发展会更好一些。而违背本性、违背自然规律的事，你闹得再凶，能有什么效果吗？从古代到近现代，多少事不是这样啊？你越是大喊大叫要坚持的东西越是坚持不下去，越是严防死堵的东西越是堵不住，这样的事例难道是能够轻易忘记的吗？

我们曾经强调，新生事物都是要大喊大叫的，可能吧；但同时，仅仅大喊大叫不一定就是新生事物也不一定就能帮助新生事物。大喊大叫也可能是假充新生事物，最后暴露了腐朽，也可能是虚张声势，反而弄坏了学术与社会风气。与其比叫声，不如看实践，看实效。

长草与锄草的事，这个例子也有不理想的一面。赫胥黎在《天演论》中就提出，完全地听其自然、放任自流，结果会是恶草横生，美花出局。马克思也讲人化的自然，人要尊重自然，也仍然可以影响自然，不能只讲一面的理。

静然可以补病，眥𡟻可以休老，宁可以止遽。虽然，若是，劳者之务也，佚者之所未尝过而问焉。圣人之所以駴天下，神人未尝过而问焉；贤人所以駴世，圣人未尝过而问焉；君子所以駴国，贤人未尝过而问焉；小人所以合时，君子未

尝过而问焉。

沉静可以养病，按摩（一说休止）可以延缓（一说可以休养生息）衰老，宁安可以平息躁急。话虽如此，像这些仍是操劳的人所要做的，而真正闲逸的人却从来不会过问这些。圣人用来触动掌控天下的办法，神人不会过问；贤人用来触动掌控世道的办法，圣人不会过问；君子用来触动掌控国人的办法，贤人不曾过问；小人用来投机取巧以合乎时宜的办法，君子也不会过问。

小小的调节不足挂齿，大人物不会关心小人物的事宜，小人、贤人、君子、圣人、神人，各有各的层次，各有各的过问点，最好的养生是不养生，不必整天搞那么多生活小常识、健体小窍门、处世小奇术，还有各种花样翻新的养生大法。你能做到闲适吗？你能做到放心吗？你能做到随遇而安吗？你能做安时顺命，一问三不知、再问起鼾声吗？如果是向这个方向发展，你就有点道行了。

作为人生指南来说，这样的说法当然貌似消极。作为抵御有害侵扰的最后一道防线来说，闲适（佚者）之说还真让你能固守不败。你要找我的麻烦吗？对不起，我不晓得、不理解、不关心、不在意。你要造我的谣言吗？对不起，我随你便。你要贬低我吗？人各有志，人各有成，人各有自己的形象，归根结底，谁又能贬低得了谁呢？好的，任你褒贬。你的鼠肚鸡肠，你的小动作，你的处心积虑，根本不配我的过问。碰到了这样的闲适之人，许多坏人硬是没有办法。『他倒轻松了？！』这是一心害人的人在害不成人时的常见反应。我很熟悉这样的人的这样的反应，我也很同情他们不知哪里插入了草的那种感受。

演门有亲死者，以善毁爵为官师，其党人毁而死者半。尧与许由天下，许由逃之；汤与务光，务光怒之。纪他闻之，帅弟子而踆于窾水；诸侯吊之，三年，申徒狄因以踣河。

演门，即寅门、东门，那边有个人死了双亲，因为极度哀伤日益消瘦而传出了孝名，并因之封了官。他的同乡群起仿效，一个个为孝名消瘦毁容，死了一大半（却并未混上一官半职，即使混上了也因死得快未有可喜）。尧要禅让天下给许由，许由因之逃亡；商汤想把天下禅让给务光，务光大怒；纪他知道了此事，率领弟子隐居到窾水一带，诸侯纷纷前往慰问（闹了个不亦乐乎），时过三年，申徒狄仰慕纪他的清高名声，干脆投河自溺。（他有病吗？）

这里用夸张的手法写了人类在价值观念上的过分与愚蠢。一个孝子，为哀哭父母，能够毁容伤身，从而封了官，于是一个村的人学着哀哭，哭死了一多半，这可真是黑色幽默，或太黑而无幽默。你可以从村民的愚蠢上来思考这个故事，但也说明那时的社会资源是多么集中，获得机遇是多么困难，人们为了升官发财，什么邪招都使上了，什么怪点子都要用，什么代价都要付出。这种难为人的事使我联想到电视连续剧《北风那个吹》中的主人公帅红兵，帅红兵为了回城，甚至制造了阶级敌人破坏的假案，打昏了自己，造成了脑震荡后遗症，使自己差点变成了终身白痴。

底下的是一个同样愚蠢、不但照搬而且可以列举出层层加码的事例。官迷是鄙俗的，清高如果使劲太过，也可能变成作秀与矫情。许由听了可能被禅让的话要洗耳朵以抵制精神污染。这已经够邪乎的了，如果你许由确实不为所动，一笑置之还不行吗？再下面举的例子是到了成汤时代，被禅让的对象务光，就不光是洗耳朵了，而是大为光火。半路杀出一个程咬金，就是纪他，他并无被禅让的实力，只是听说了务光发火，就率领弟子往河边或湿地去跑。你跑什么？

申徒狄听了则干脆自己跳河，这像是相声里甩的包袱了。『天下皆知美之为美，斯恶已』，不仅恶矣，而且蠢矣，白痴矣，病矣，令人作呕矣。无怪乎老庄都那样苦口婆心地劝人们不要用一种外在的说法来闹腾自己。

人很奇怪，各种说法、各种概念都是人造出来的，造出来后却让人发疯发痴，夸张失度，自寻苦恼，自取灭亡。

人是有一种天生傻气的，不无可爱，不无偏颇，不无可叹，不无可悲。

六 为什么老是忘不了手段

筌者所以在鱼，得鱼而忘筌；蹄者所以在兔，得兔而忘蹄；言者所以在意，得意而忘言。吾安得夫忘言之人而与之言哉！

一种特制的小口竹篓是用来捕鱼的，捕到鱼后就可以丢开竹篓啦；兔网是用来捕捉兔子的，捕到兔子后就将兔网丢掉多么好啊！言语是用来说明一定的意思的，领会了意思就不必再去抠言语。我从哪儿能找到懂得忘掉言语、绝不抠字眼的人而跟他说说话呢？

『得鱼而忘筌』『得意而忘言』，这两句话极杰出，极有名，是千古名句。捕鱼者得了鱼，应该扔掉鱼篓子；得了鱼再留鱼篓子便属多余，废鱼篓子只能促使鱼更快地腐烂。得兔忘蹄的说法费解一些，或谓指兔网，或谓指猎犬，或谓指兔子本身，你已经抓住兔子了，何必还念念不忘兔子的四蹄呢？反正是得了目标，最好忘记手段、工具或猎物的某个部分。目标、手段、组成的部分，也有可能异化与闹腾起来。例如吃饭是维持生命的手段，但人们在维持住了生命之后，仍然要闹腾吃喝，便会为嘴伤身，因饕餮而出丑，如果按庄学的观点，人本来应该饱后忘吃喝。权力本来

是为了实现政见，政见已经实现了，或者政见根本无法实现，掌权者就干脆忘掉权力才好。然而，事实上权力可能变得比政见更重要，叫做『权权权，命相连』，『文革』中有一阵甚至将忆苦思甜的口号改为忆苦思权。

语言是用来表达某种意思的，理解了意思，不必迷恋语言修辞声调风格，不要一味咬文嚼字或除了咬文嚼字啥别的也不会干。但语言也可以闹独立性，语言可以促进或弱化思维，可以成为推敲和延展的对象，可以构成一种形式美，可以流露原意没有或原意并不突出的煽情、暴烈、强词夺理、空泛、卖弄、雅致或者粗犷的意味。

『得意而忘言』的说法中还包含着下列的意蕴：语言有可能偏于执著、空洞、强烈。如说话可以说『我爱你海枯石烂不变心』，实际上没有人看得到海枯石烂时二人的相爱或变心状况。上世纪五十年代常常说中苏友好是千秋万代的事业，哪里有什么千秋万代，不到十年就开始交恶了。言语上说战无不胜、百战百胜、磐石一样的团结、日月经天、江河贯地，全都带着文学性修辞性的夸张，你如果太认真，死心眼，那就是闹笑话。

还要记住，即使语言脱离了实际，脱离了实意，语言本身仍然有忽悠的作用、暗示的作用、控制人的作用。政治运动中常有这样的情景，让批斗某某，众人都是将信将疑，当然不敢不去，乃召开了批斗会。批斗会上几个人念稿或虚张声势地叫喊，喊过几次以后，各种刺激性极强的暴烈语言响彻会场以后，弄假成真，群众情绪真的激昂起来了。在没有事实根据的情况下，由于语言的大忽悠作用，照样能够批倒批臭，然后勇敢分子上去暴打一顿，被批斗者的民愤极大也就成了事实，似乎坐实了某某罪状。

所以要忘言，要求其意，而不必拘泥于片言只语，要全面地准确地理解，什么叫全面与准确呢？就是得其意而忘

其言。

上一段讲到的层层加码现象，也与『言』的闹腾有关。许由清高，一个『清高』云云，这样的好词，还有边际吗？清者，清洁、清纯、清明、清凉、清晰、清净、清爽、清新之谓也；高者，高超、高尚、高耸、高明、高远、高大、高度、高妙、高深之谓也。这样的标尺永远没有庶几达到的时候。如果瘦削代表清高，人们为了清高能不活活瘦死吗？如果轻生代表清高，人们为了清高能不跳河吗？如果隐蔽代表清高，人们为了清高能不躲猫猫吗？

得意忘言还是一种非常文学的内心体验。百感交集、悲从中来、热泪盈眶、相对无言只有泪千行、欲说还休、言不尽意、心乱如麻、似喜似悲、怅然若失、一片空白或者恍然大悟、豁然贯通、天人合一、抱元守一……这些都是可得其意、难记其言，可知其意、难寻其言的心绪与境界。一个滔滔不绝的名嘴，往往道行有限，甚至会引起反感，而此时此景，只有不言之言，如拈花一笑，如当头棒喝，如回头一笑百媚生，如却道天凉好个秋……才多少传达出来一些真正的意趣。无怪乎庄子要寻找忘言者与之交谈了。

为了好的目的，可不可以用不那么好的手段？这是一个向来争论不休的问题。讲究手段，似乎有点贵族气、布尔乔亚气、书生气，君子欺之以方，用温良恭俭让的手段来对待凶神恶煞式的对手，徒成笑柄。为目的不择手段，那也完全可能使理念变质，使目标走形，使恶劣的手段将理想主义的目标变色，使人变成虚伪的机会主义者。《庄子》要人忘记手段，是不可能的，原因很简单：他不只是捉一次鱼，他自然视鱼篓子比一些鱼更重要；他要捉许多兔子，他自然视蹄子（猎狗？）比兔子更宝贵；他要说许多话，他以说话为生，如名嘴，他当然视言语为看家的利器。一时一地，什么都可以忘，那是一种巅峰状态，如性爱、艺术创作或表演、体育比赛或拼刺刀、科研，都是可能的。但是，我们要问，忘记手段一定是没有不良的手段了吗？忘记手段，会不会是不择手段呢？忘掉了筌篓，万一他改用炸药灭鱼了呢？

老王说，与庄共舞，最大的问题正是取其义还是取其言？没有言上的认真疏解，你的意从何而来？有了一大堆对于言的考证与试解，日积月累，堆积如山，旁征博引，庞然大物活活压死你，你还上哪儿找真意去？多半是离着意更远了，您也更书呆子、更无用了！最大的意何在？一是保命，你可不能小瞧这个保命。二是得游，游即由，由即自由，不得了，不得了！三曰忘言，就是说不让自己成为概念、名词、名教的附属品与牺牲品。四曰空间，给自己留下余地。五曰无名，忘言在逻辑上的必然结果是无名。如此这般，这些当然不足、不全面，然而确实有趣。

《庄子》读起来远不像《论语》《孟子》那样显得正确，但是它比那些好玩、有才。太有才啦，咀嚼玩味，好啊！